Renward Brandstetter

Die Regenz bei den Luzerner Osterspielen

Verone

Renward Brandstetter

Die Regenz bei den Luzerner Osterspielen

1st Edition | ISBN: 978-9-92500-073-9

Place of Publication: Nikosia, Cyprus

Erscheinungsjahr: 2016

TP Verone Publishing House Ltd.

Nachdruck des Originals von 1886.

Renward Brandstetter

Die Regenz bei den Luzerner Osterspielen

Verone

Einleitung. Quellen. Historische Uebersicht über die Spiele — Definition der Regenz — Initiative — Comités und Regent — Protokollirung. Rödel. Considerabilia — Charakter der Spiele: das kirchliche, das heitere, das national-luzernerische Element — Aufbau der Spiele: Dialog und Monolog. Figuren. Zwölftel und Quartiere. Proklamator, Lehrer und Propheten — Texte und Sprache — Dichter und Dichten — Rollen: Aufzählung der Rollen. Nebenrollen. Stumme Rollen. Namengebung. Umfang der Rollen. Das Pensum der Engel und der Teufel — Schauspieler: Anmeldung. Prüfung. Körperliche und geistige Erfordernisse. Persönliche Rücksichten, das Erben der Rollen. Personen sparen, Pluralität. Austheilen der Rollen. Die hervorragendsten Schauspieler. Eifersüchteleien. Resignation. Leges — Proben — Weitere Vorbereitungen — Die Regenz während der Aufführung. Befriedigung der leiblichen Bedürfnisse — Die fremden Gäste — Polizei — Büdget.

Das volksthümliche Drama der Stadt Luzern lässt sich zurückverfolgen bis circa 1450, es erreicht seine Blüthe in den Jahren 1571, 1583 und 1597, und wird im zweiten Jahrzehnt des 17. Jahrhunderts durch das gelehrte Jesuitendrama verdrängt. Man führt *Osterspiele* [1]), die auch *Passionsspiele* oder *Comœdiœ passionis dominicœ* oder einfach *Passion* genannt werden, *Heiligenspiele*, worunter man alle andern Dramen religiöser Natur versteht, und *Fastnachtspiele* auf.

Das Material für die Erforschung der Luzerner Dramatik ist an mehreren Orten zerstreut. Vieles enthält die Rödelsammlung der so reichhaltigen und so trefflich und liebenswürdig geleiteten Bürgerbibliothek. Und von diesen Rödeln waren für den Zweck der vorliegenden Arbeit besonders ergiebig die Codices M 172 V, M 177, M 178. Auf der gleichen Bibliothek findet sich noch anderes Material in Cysats Collectaneen B und C und im Anhang der Russ'ischen Chronik. Andere Quellen liegen im Stadtarchiv, nämlich die Rödel der Bruderschaften der »dörninen Kron« [2]) und von »St. Barblen«. Vieles bietet auch das Staatsarchiv in den Rathsprotokollen, dem Seckelbuch, den Umgeldbüchern, dem Fascikel Volkslustbarkeiten u. a. Einige wenige aber wichtige Notizen enthält ferner Salats Tagebuch, herausgegeben von Bächtold, und endlich liegt auch einiges auf der Kantonsbibliothek und in Privathänden.

Ich darf in Bezug auf die vorliegende Arbeit versichern, dass alles, was ich vorbringe, richtig ist. Daneben war es auch immer mein Wille, möglichste Vollständigkeit zu erreichen.

Indem ich diese meine zehnte Arbeit über die Luzerner Dramatik meinen Freunden vorlege, bitte ich sie um gütige Nachsicht. Ich erlaube mir, sie aufmerksam zu machen, dass Forschungen über zerstreutes Aktenmaterial vielfach mehr Schwierigkeiten und Unannehmlichkeiten bieten, als solche über gedruckte Schriften. Um nur eines anzuführen, so hat der Philologe bei letztern das beneidenswerthe Glück, viel unabhängiger zu sein und sich viel weniger um das Wohl- oder Uebelwollen, das Entgegenkommen oder die Chicanen von Dritten kümmern zu müssen, als bei erstern.

Ich finde es am zweckmässigsten, als Einführung und Grundlage für diese Arbeit eine gedrängte Uebersicht über die Geschichte der Spiele zu geben. Hiebei zwingt mich die Beschaffenheit des Quellen-

---

[1]) Was schief gedruckt ist, waren termini technici.

[2]) Auch »zur Bekrönung« genannt.

materials, diese Geschichte in zwei Perioden abzutheilen, circa 1450—1545 und 1545—1616. Für die erste Periode fliessen die Quellen spärlich, es sind nur erstens vier Aufsätze, welche Renward Cysat[1]) zu verschiedenen Zeiten seines Lebens verfasst hat, zweitens die Textstücke von 1494, drittens die Bruderschaftsordnung aus der Zeit ungefähr um 1500, und endlich verschiedene andere kleine Notizen. Für die zweite Periode ist dagegen das Quellenmaterial höchst reichhaltig, und man bedarf auch der erwähnten Cysatischen Aufsätze nicht mehr.

Folgendes ist die Wiedergabe dieser Aufsätze, die ich, wie überhaupt alle Originalien, in diplomatischer Abschrift, die Zeichensetzung eingeschlossen, mittheile:

»I. 1480 Die Historj deß passions sonst gmeinlich das osterspil genannt würdt durch die priesterschafft. In rymen vnd actus wie ein Comedj gebracht vnd erstlich vngefar vmb diß zyt mit hilff der Burgerschafft mitt verwilligung vnd 'guttem gfallen der oberkeit gespillt vnd dem gmeinen volck offenlich representiret jn osterfyrtagen, diß gfiel der oberkeit vnd dem gmeinen volck so wol Das es vffgenommen ward alle Fünff jar ein mal ze spilen, der platz darzu ward am vischmerckt verordnet, Die oberkeit ließ die Brüginen vnd buwerck was zum Schowplatz notwendig jn der Statt kosten darthun, verordnet ouch die Frömbden Lütt, mitt gsellschafft, wynschencken vnd gastfryung zu vereeren, den übrigen kosten trug ein jeder Comediant selbs was syn stand vnd person ervordert, Dise jarzal Jst also bliben bis vngefarlich Jn das Jar 1525. Da die schädliche enderung vnd abfal deß gloubens Jn die Eydgnoßschaft Leider ouch yngerisen Davon man hie so vil zethund überkommen, dz solliche representation sich Lenger verzogen bis Jn das 1532 jar da gott der Herr diser statt sampt den übrigen 4 Catholischen orten jn jrem krieg gegen den jenigen die sy vnderstanden von dem waren allten Catholischen glouben zetrengen vnd zu dem krieg genöttiget, so herrlichen sig ouch ein rü-

wige zyt frid vnd gnad widerumb verlihen, jst also desselbigen 1532 Jars diß Oster oder Passion spil abermalen gehallten vnd Jn den nachvolgenden zytten vmb so vil gemeeret vnd verbessert worden das man zwen tag darzu bruchen müßen wie es zuvor jn einem verricht werden mögen, deßglychen dise zwen tag Namlich oster Mittwoch vnd Donstag darzu verordnet vnd vffgenomen das es fürhin — die wyl die Historj vnd der kost sich vmb so vil gemeeret — zu X jaren umb gehallten werden sölle, vnd wie wol es ouch ettwan die zwen tag nit gar volkommenlich gebrucht vnd dannocht jn einem tag nit mögen verricht werden, so Jst es doch harnach A⁰ 1571 vnd 1583 abermalen vmb so vil gemeeret worden das es der zwey tagen vollkommenlich bedörffen, So Jst ouch dem kosten so wol der Oberkeit alls den actoribus vnd personen deß spils vil meer vffgangen vnd sonderlich hatt man sich beflissen, die sachen es sye mitt kleidung grüst vnd bereitschafft vnd derglychen so artlich vnd herrlich alls möglich darzethund Allso das ouch ettwan einem stand von einer einzigen person verwalden jn die 100 kronen, der oberkeit aber jn die 1000 kronen kosten vffgangen,

Nach dem obgemellten 1532 jar hatt es sich abermalen verzogen bis vff das 1540 Jar, da ward Es widerumb gehallten, vnd darnach jn sölcher jarzal Namlich A⁰ 1545; 1555 darzwüschen A⁰ 1549 ward die Historj oder Comedj von dem jüngsten gericht gespillt darnach widerumb dz osterspil A⁰ 1560; 1571; 1583; A⁰ 1597 da jst es mitt grosser zierlickeit kosten vnd apparat der personen ouch verbesserung vnd meerung der Historien alls vor nie bschehen gespillt worden ouch nie meer volcks hie gsehen worden,

II. Die Historj des Passion oder Osterspils wie mans allhie zuo vnderschydenlichen zyten pflegt zu hallten ward erstlich allso angesehen vnd gesetzt durch ein Eerwürdige Priesterschafft ouch zum ersten anfang von geistlichen personen verricht, A⁰ 1490. Der spillüten kost bracht 2 plaphart vnd der übrig kosten überal. 4 lib.

Sidhar hat man ouch welltliche darzu genommen vnd jst dise representation treffenlich gemeeret vnd geziert Ouch vil ein andrer grösser kosten darüber geloffen ja das allein ettwan 2000 gl. kosten ge . . . gen vnd ettwann vff ein sonderbare person 200 gl.

---

[1]) Er wird uns im Verlaufe noch oft begegnen. Sein Leben fällt in die zweite Periode.

Anfangs hiellt mans zu 5 Jaren harnach zu 10 jaren vmb, diser gedenck Jch mich 1550; 1560; 1571; 1583; 1597; die letzten beide hab Jch vß bevelch Miner oberkeit geregiert,

III. Osterspil vnd Crützgang gan Werdenstein.

Die representation deß Passions oder osterspils Jn diser statt halt angfangen erstlich vngefar A° 1450 durch Rat vnd anstifften der priesterschafft die sich dann selbsten darzu gebrucht, doch war es jn ein kurtze Substantz begriffen vnd nur für etliche stund eines tags ouch von 5 zu fünff jaren gehallten vnd mitt ringen kosten, jst aber jn volgenden zytten allso gemeeret worden mitt schönen figuren vß Alltem vnd Nüwem testament glychs fals der personen, der vffrüstung vnd kostens halb ouch allso das es vff zwen völlige tag kommen, da dann nit allein die oberkeit von der statt wegen Sonder ouch die Agenten vnd Spils personen mitt der vffrüstung vnd anderm grossen kosten angewendt, da Jch selbs erlept vnd by den Rechnungen gsin das Minen Herren oder vff die statt mit vffrüstung deß platzes, wynschencken, gastieren, gsellschafft hallten der frömbden Lütten, wuchten vnd anderm derglychen jn die 2000 gulden vffgeloffen, derwegen die zytt ouch verlengert vnd vff X jar angestellt worden,

Die zal der jaren zu wölchen diß spil gehallten worden

A°   A°
A°   A°
A°   A°

A° 1528, domalen vertrat die person vnsers lieben herren Ein hargezogner burger sins handtwercks ein schnyder jörg Rappenstein genant der bald vff ostern heimlich abschied, vom Catholischen glouben abfiel, ward ein zwinglischer predicant

A° 1531 ward es widerumb gehallten nit das es den Louff der jaren erloffen sonder allein vß gelübdt vnd andacht von Gott vnd siner wärden Mutter desto meer gnad vnd glücks zu erlangen vom wegen der vor ougen stehenden gfaar deß kriegs den man von denen von Zürich vnd jrem zwinglischen anhang besorgt vnd erwartet die da vermeintend vnd vnderstundend ein fromme statt Lucern sampt den übrigen 4 Catholischen Orten von vnserm waren Catholischen glouben zetrengen, wie dann die gnad Gottes sich ougenschynlich harnach durch den Sig zuo Cappell vnd Jn discm wärenden osterspil alls zuo einem guten vorbotten erzeigt durch ein gesicht, das Namlich gottsälige personen am himmel gesehen die Billdtnuß der hochgelopten himmelkönigin Mariae mitt jrem lieben kindlin am Arm, wöllichs domalen jn geschrifft verzeichnet vnd Jn der statt Cantzly gelegt worden, aber jn vergess kommen bis harnach A° 1571 da diß osterspil abermalen gehallten vnd Jch solche verzeichnuß funden wölche wytters vermeldet das domalen A° 1531 vff söllches hin ein Oberkeit Gott vnd siner werden Mutter zu danck Lob vnd Eer mitt der Burgerschafft — doch allein Mannß personen — einen gemeinen Crützgang gan Einsidlen thun Laßen, wöllichs Jch nun minen herren für gelegt die sich darüber beraten vnd vff sich genommen für sich vnd Jre Nachkomen zu eewigen zyten zehallten namlich allwegen zu dryen Jaren vmb Einen gemeinen Crützgang zu vnser Lieben frawen gan werdenstein by 3½ stunden wyt von der statt vngfarlich mitt der Burgerschafft ouch allein Manspersonen zehallten allwegen vff den Mittwochen jn der Crützwochen Da Lassend dann Min herren allwegen der priesterschafft schulmeister schulern sengern sigristen vnd dienern jr Morgenmal zu Malters zalen.

A° 1545 ward das osterspil abermalen gehallten

A° 1549 ward die Historj deß jüngsten gerichts gespillt — vidi — wäret ouch 2 tag, der Son war Christus der verdampt sinen Lyplichen vatter der war ein übelgelepter Bapst

A°

A° 1560 ward das osterspil abermalen gehallten. — vidi — Domalen war abermalen Christus der so jm jüngsten gricht die selbig person ouch vertretten vnd sin Lyplicher vatter Bischoff Cayphas der verdampt domalen den son jn Tod,

A° 1571. ward das osterspil abermalen gehallten vnd glych daruff der erste Crützgang gan werdenstein wie vorgehört,

Der selbig Crützgang bschach widerumb A° 1574; 1577; 1580.

A° 1583. ward das osterspil abermalen gehallten vnd glych daruff der Crützgang gan werdenstein, der selbig ward Continuiert die Jar 1586; 1589; 1592; 1595.

A⁰ 1597 ward das osterspil abermalen gehallten vnd glych daruff der Crützgang gan werdenstein der zwar sonst erst vff dz 1598 jar gfallen wäre, bschach aber von deß osterspils wegen, vnd darnach widerumb A⁰ 1600 ¹)

IV. Der erst vrsprung diser representation hatt angfangen vngfarlich vmb dz jar 1450 durch die Priesterschafft der 4 waldstetten Cappitels wann sy allhie zu österlicher zyt jr ordenlich Cappitel gehallten da sy erstlich die Historj der vrstende, harnach mitthin ettwas meer vß dem passion darzu gethan, wöllichs nun der burgerschafft so wol geliebt das sy begert ouch darzu gebrucht ze werden, wyl es dann beschach vnder dem Titul der bruoderschafft S Petrj vnd harnach vngfar A⁰ 1470 die bruderschafft der bekrönung vnsers herren von gottsäligen burgern vffgericht jst S Peters jn die selbig yngelybt worden die ouch den namen behallten. vnd allso nach vnd nach diß spil gemeeret worden mit andern figuren vnd Historien meer vß Nüwem vnd alltem Testament bis es vff 2 tag oder 24 stunden komen, jst anfangs mit ringen kosten verricht worden. »

Wie man gleich bemerkt haben wird, finden sich in diésen vier Cysatischen Aufsätzen mehrere Widersprüche, besonders was Jahrzahlen anbelangt. Trotzdem würde man ihm sehr Unrecht thun, wollte man deswegen das Ganze verwerfen. Sehen wir uns nun nach Zeugnissen aus der ersten Periode um. (Ueber das Textuelle von 1494 später.) Mehrere Notizen können wir aus den Umgeldbüchern schöpfen. Diese enthalten die älteste zuverlässige Nachricht über die Osterspiele, indem da vom Jahre 1453 verzeichnet ist eine Ausgabe von iij lib. den »Schuolern« an das Osterspiel. Das zweite überlieferte Datum ist 1470, ein drittes 1494. Dieses Spiel von 1494 ist eine »Urstende«, noch kein ausgebildetes Passionsspiel, und es verlangt nur die geringe Zahl von 33 Personen; lauter Punkte, die mit Cysats Angaben stimmen. Hier möchte ich mir nun erlauben, eine Konjektur anzubringen. Der Ablassbrief von 1556, der deutlich auf die Spiele Bezug nimmt, enthält den passus »quibus passio eiusdem Domini nostri Jesu Christi in ecclesia ipsa representatur«. Dieses »in ecclesia« ist nun allerdings für die Mitte des 16. Jahrhunderts falsch. Allein es liesse sich gar wohl denken, dass dieser Usus in den ältesten Zeiten, da die Spiele, wie eben bemerkt, noch sehr einfach waren und wenig Personen brauchten, gegolten habe, dass dieses in irgend einem älteren Formular gestanden, und von da in den Ablassbrief hineingekommen. Aus der Zeit um 1500 haben wir nun die schon erwähnte Ordnung der Bruderschaft zur dörninen Kron:

»Die ordnung so vff genommen ist ze halten. ¹)

Item das fest der bekrönung vnsers ²) herren sol alle iar gehalten vnd begangen werden morndes nach des helgen crützes tag jm meyen jm hof wie das geordnet wirt. ouch frü jn der cappell mitt einem gesungnen ampt vnd einer ermanung vnd sol man da die jarzit verkünden.

Item welcher mönsch jnn disem iarzit sich verpflicht hett, vnd es vermag sol zuo des helgen crützes altar zuo dem sel altar ouch im chor ze krümmen vnd ze opfren gan. vnd personlich by den emptren sin vnd am abent sich flissen das er by der vigill vnd by dem wysen sye.

Item welher mönsch jnn diss iar zit begert, der sol geben für den jn gang vnd jn zeschriben v ß. doch allwegen zwöy

---

¹) Werdenstein, jetzt Werthenstein geschrieben, ein aufgehobenes Mönchskloster an der Bahnlinie Luzern—Bern; Malters ein grosses Dorf ungefähr in der Mitte zwischen Luzern und Werthenstein. Unter Einsiedeln ist der bekannte Wallfahrtsort Maria-Einsiedeln im Kanton Schwyz gemeint.

¹) Diese Ordnung ist schon mehrere Male abgedruckt, theils ordentlich, theils aber auch sehr dilettantenhaft. Eine solche liederliche Wiedergabe der letzteren Sorte zählt über fünfzig Druck- oder cher Lesefehler. Aus Schonung will ich jetzt nicht weiter eintreten.

²) Das »n« von »unser« und das lange »a« hat ein diakritisches Zeichen, das ich nicht wiedergeben kann.

eliche mönschen für ein person zerechnen vnd dannenthin alle iar so man das iarzit begat ij plapart vnd wo ein mönsch jnn dem spil ist gesin der gilt nun ij plapart jnzeschriben, (vnd ein frowen bild die sich allein wil lan jnschriben die gilt ouch nun ij plapart jnzeschriben.)

Item ein priester so jnn disem iarzit sich verpflicht hett. wenn derselb des tags so das fest begangen wirt mess hett. (hett damitt für sin) jnn der capell oder jm hoff hett damitt für sin ij plapart gnuog tan. des iarß.

Item die pfleger mogent ordnen ob sy das bedunckt ij so vff (h) vnsers herren fronlichams tag ij kertzen tragent vor dem helgen sacrament.

Item vnd wenn die pfleger bedunckt das man ein gebott sölle han wenn denn zuo den zwön pflegren vj zesamen komment. das ir acht sind so söllent die selben gewallt haben.

Item das liden vnsers herren so gemacht ist gesin do man zalt von der geburt cristi. 1494. sol nun für hin gemacht werden ze fünff iaren einist jn angedechtniss der v wunden cristi vnsers herren vnd nitt ee. vnd sol diss nitt geendret werden.

Item welher sin iar gellt nitt gitt vff den ierlichen tag oder jnn einem manot darnach vngefarlich der sol danach vs getan werden die pfleger wollent denn eim wyter beiten. stat jnen hein. sollent sy gewallt han.«

Ich halte es für sehr zweifelhaft, ob schon 1504 ein Ablass für das Spiel gegeben wurde[1]). Die entscheidende Stelle lautet: »missarum et diuinorum celebratione«. Das »diuinorum« ist in ganz kleiner Schrift überschrieben mit »ludis scilicet«. Das macht mir viel eher den Eindruck einer Fälschung als einer legitimen Interpretation. Ferner sind wieder die Daten 1526 und 1538 bezeugt. Ich zweifle nun gar nicht daran, dass nebst diesen noch andere Aufführungen von Osterspielen stattfanden, allein ich konnte doch über keine andere Jahrzahl in's Reine kommen.

Vor Allem halte ich es für unsicher, dass neben 1538 auch das Datum 1540 richtig sein sollte. Denn wieso dieser kurze Zwischenraum? Salat theilt uns mit, dass das Osterspiel von 1538 am Ostermittwoch und Osterdonnerstag aufgeführt wurde. Ferner sagt er, er habe 1530 den Traum des Paris gegeben. Auf 1534 hatte er die Judith projektirt, wurde aber an der Realisirung des Planes gehindert.

Ueber seinen verlornen Sohn, so wie über den Dichter Am Grund haben andere berichtet.

Die zweite Periode geht von 1545 bis 1616. Es ist, zwar in den späteren Jahren dieses Zeitraumes, mehrere Male angegeben, das legitime Intervall sei 10 Jahre, doch finden wir es nie eingehalten. Es wurde gespielt: 1545[1]), 1560, 1571[2]), 1583, 1597[3]), 1616. Uebrigens war das Spiel von 1571 schon auf 1570, und das von 1597 auf 1593 und das von 1616 auf 1614 (oder 1615?) projektirt, verschiedene Zufälle veranlassten das Hinausschieben. 1571 fand die Aufführung statt Mittwoch und Donnerstag nach Ostern, 1597 Sonntag den 20. und Montag den 21. April, 1614 nahm man dagegen »Mathaej und Mauricij«, also eine ganz andere Jahreszeit, in Aussicht. 1616 wurde, nach dem Anhang der Russ'ischen Chronik, Mittwoch und Donnerstag nach dem ersten Mai gespielt.

Mit dem Jahre 1545 tritt uns das Spiel schon in seiner Ausgestaltung entgegen. Die Jahre 1560, 1571 und 1583 bringen keine wesentlichen Aenderungen. 1597 dagegen wird der Stoff, der zur Darstellung kommt, bedeutend vermehrt, und man denkt eine Zeit lang daran drei

---
[1]) Der fragliche Brief folgt unten

[1]) Diese Daten sind schon mehrere Male zusammengestellt worden, theils ordentlich, theils aber auch höchst fehlerhaft.
[2]) Nicht: 1574.
[3]) Nicht: 1606 oder 1615.

Tage zu verwenden[1]). 1616 kommt man zum Theil wieder auf den früheren Bestand zurück. Die Schauspieler bleiben bei diesen Aufführungen jeden Tag zwölf volle Stunden auf dem Platze und gehen nicht einmal zum Mittagessen nach Hause. Fremde Gäste und Musikanten kommen sogar von Ländern ausserhalb der Eidgenossenschaft her. Zwei Dukaten werden sogar[2]) für bessere Plätze bezahlt. Einmal[3]), nämlich 1571, schmettert die Musik von 156 Spielleuten, und 1597 sieht man den blendenden Glanz der Kostüme von 340 Rollen. 1571 zahlt der Staat die für damals horrende Summe von 222 Gulden für Festwein. 1616 schickt eine benachbarte Regirung nach dem Fest ein Dankesschreiben.

In der Zwischenzeit werden Heiligen- und Fastnachtspiele aufgeführt. Die Heiligenspiele sind ebenfalls grossartige Aufführungen, einige dauern auch zwei Tage, erreichen aber doch nicht den Pomp der Osterspiele. Naiv klingt ein Vorschlag aus dem Jahre 1614, man solle »St. Barblen Leben« spielen, um daraus die Tauglichkeit der Personen zu ersehen für das künftige Osterspiel. Um ja nicht mehr zu sagen, als ich wirklich sagen kann, bemerke ich hier, dass diese Notizen für die Heiligen- und Fastnachtspiele in der Regel aus der Zeit vor und nicht nach der Aufführung stammen, dass man also strikte nur behaupten kann, sie seien projektirt gewesen, wobei es aber doch höchst wahrscheinlich ist, dass sie wirklich aufgeführt wurden. Vom Spiele von der Kreuzerfindung, welches für 1575 bestimmt war, ist mehr als einmal ausdrücklich erwähnt, die Pest habe die Aufführung gehindert. Auf das Jahr 1549 fällt »das jüngste Gericht«, 1585, den 12. Mai,

das »Martyrium Apostolorum«, 1594, um Ostern, »die heilige Catharina«, 1596, um Pfingsten, »St. Wilhelmus«, 1599 das »Apostelspiel«, 1606 »Leodegarius«[1]).

Das älteste datirte Fastnachtspiel ist »Marcolfus« 1546[2]), welches wahrscheinlich zwei Zwischenspiele hatte: »Der Vater« oder »Comoedia trium fratrum« und »Hänz und Cueni«. Auf irgend ein Jahr, vielleicht in die fünfziger Jahre, fällt wohl der »Narrenfresser«, 1565 oder 1567 der »Wunderdoctor«[3]), 1592 »der alte und der junge Cato«, in's gleiche Jahr[4]) »Convivii Process«. Marcolfus, Wunderdoctor und Cato wurden an der alten Fastnacht aufgeführt, und das ist für das zuletzt genannte der einzige Anhalt, es unter die Fastnachtspiele einzureihen, da an Texten und anderem nichts erhalten ist. Ich füge hier bei, dass mit Ausnahme des Marcolfus und des Cato keine Titel für die Spiele existiren, sondern dass ich selber, aber mit dem Rechte des Philologen, obige Benennungen nach den charakteristischen Hauptrollen geschaffen.

Die letzte Aufführung eines Osterspieles ist die vom Jahre 1616. Schon gegen das Ende des 16. Jahrhunderts hatten die Jesuiten mit ihren Künsten ihren Disciplinen den Einzug in Luzern gehalten, und nun wird im Anfang des 17. Jahrhunderts die alte Kunst vom neuen Hauch ertödtet. Auf den Dörfern wurden jedoch noch bis in unser Jahrhundert hinein volksthümliche Spiele religiöser Natur und Fastnachtspiele aufgeführt. Die Erinnerung an die Osterspiele schwand allmälig aus dem Bewusstsein des Volkes, und jetzt ist von all der Herrlichkeit nichts mehr da als die papierenen Rödel und das Sprichwort des Volks-

---

[1]) Es wurde aber nie drei Tage lang gespielt.
[2]) Aber nicht: 1615.
[3]) Nicht: oft.

[1]) Der Patron der Stadt Luzern.
[2]) Nicht: 1548.
[3]) Nicht: die alte Fastnacht.
[4]) Oder: 1593?

mundes: »De macht so lang wi de Proclemater«, welches man von einem Redner sagt, der einen langen und langweiligen Sermon hält: eine Anspielung auf die einleitenden Monologe der Osterspiele, welche wegen ihrer Länge dem Volke »verdrüssig« waren.

Damit ein Osterspiel richtig aufgeführt werden kann, bedarf es verschiedener Veranstaltungen, welche durch dazu befugte Körperschaften oder einzelne Personen besorgt werden. Die Funktionen nun dieser Körperschaften und dieser Personen heissen Regenz. Ueber die Regenz bei den Heiligen- und Fastnachtspielen ist nur wenig überliefert.

Die Initiative zur Abhaltung des Osterspieles geht von der Bruderschaft zur »dörninen Kron« aus, doch betheiligt sich auch die von »St. Barblen« und vielleicht auch die von »St. Jacob« irgendwie dabei. Folgendes ist der Modus der Initiative, welche schon im Juni 1592 ergriffen wurde, als man 1593 spielen wollte:

»Ordnung von wegen deß osterspils so vff das künfftig 1593. Jar sol gspillt werden jst aber erst A⁰ 1597 ervolgt
vff Donstag vor Medardj A⁰ 1592 Jst ein Congregation der Bruderschafft der Bekrönung vnsers Herren, vnd S. Barblen von geistlichen vnd weltlichen Brüdern gehallten vnd allda beratschlagt worden vmb die Halltung deß künfftigen Osterspils, wie Die sachen für zenemmen,
Erstlich sind verordnet vnd vßgeschossen nach volgende personen.
H. Meister Johann Müller Lüttpriester
Gabriel Löw Cor vnd praesentzherr } Jm Hoff
Johans Schwendiman Custos
H. Niclaus kruß
Niclaus pfyffer Ritter der Zyt buwmeister beyd deß Rhats,
Renwart Cysat der Zytt Stattschryber
Laurentz wirtz deß grossen Rhats,
dise verordneten söllent fürderlich übersitzen vnd beratschlagen ouch ordnung stellen was von nötten vnd zur sach dienstlich,

vnd dann angends daruff die sach vnsern g. herren vnd Obern fürbringen vnd mitt einer geflügen erinnerung Sy umb erlouptnuß deß spils, deß platzes vnd andrer dingen wie brüchlich bitten, «¹)

Folgende Abschrift aus dem Rathsprotokoll zeigt dagegen die Initiative bei einem Heiligenspiel. Es scheint, wenigstens in diesem speciellen Falle, dass die Bruderschaft sich gar nicht und der Staat nur sehr wenig betheiligte.

»Fryttags vor dem Sontag Reminiscere Anno 1606.
Vff daß anbringen H. Johann Wilhelmen Schuollmeisters der Stifft im Hoff. wie etliche von Min h vnnd Bürgeren an inne gelanget. wyl ietzund ein gutte zytt lang sy kein üebung einichs Spils oder Comedj gethan. vnnd sy begertend sich nachmalen ze üeben vnnd zeerlüstigen sonderlich ze eren vnsers Lieben patronen S. Leodigarj wöllte er selbige Historj inn verß vnnd Spill bringen vnd stellen, mit anerbiettung die vffrüstung deß platz vnnd stenden inn jrem der Spils gnossen kosten zu verrichten. So habent M. g. h. ob wol sy von wegen vor augen stehenden gefarlichen Zyten vnnd trüebsalen. vrsach gnug gehebt. selbiges abzeschlahen. Doch wöllent sy jrer Bürgerschafft zu gnädigem gefallen. sölliches zugelassen vnnd bewilliget haben, daß sy vnserem Patronen S. Leodegary zeeren. vorhabende Comedj spilen vnnd hallten mögent. Doch mit dem vßtrückenlichen vorbehallt. daß M. G. h. dises Spills gantz vnd gar kein kosten haben wöllent. Dann allein wyn vereeren vnnd gesellschafft den frömbden lütten, darnach mögent sy die spillsgnossen jr abtheilung. rechnung vnnd ynschütz machen daß sy bestan mögent.«

»Myne gnädigen Herren vnd Obern«, d. h. der *Rath*, der Repräsentant des Staates, d. h. der Stadt Luzern, bewilligt das Gesuch, und das erste Geschäft, die Initiative, ist somit abgethan. Des ferneren ernennen nun Bruderschaft und Rath die verschiedenen *Vsschütz*, d. h. Comités, welche

---

¹) Unter »Hof« verstand und versteht man die Hauptkirche der Stadt Luzern, auch das dazu gehörende Chorherrenstift und das darum liegende Quartier werden so genannt.

sich in die Geschäfte der Regenz theilen sollen. Das erste Comité ist das der *Verordneten*. Die Bruderschaft wählt die grössere Zahl der Mitglieder, im Jahre 1592 und vielleicht bei allen Spielen waren dieselben identisch mit den Personen, welche schon in das Initiativcomité berufen worden waren, also 7 Mitglieder. Der Rath giebt aus seiner Mitte noch vier weitere dazu. An der Spitze der Verordneten steht der Regent oder Rektor. Die Bruderschaft nimmt sich den Regenten in Aussicht und erbittet sich dann denselben vom Rathe, dem die Ernennung zukommt. Die Verordneten haben weitaus die meisten Geschäfte zu besorgen, und zwar ruht wiederum das Meiste auf den Schultern des Regenten. Den Verordneten in ihrer Gesammtheit liegt mehr das Berathen und Beschliessen, dem Regenten das Ausführen ob. Neben dem Regenten spielte 1597 der Leutepriester die wichtigste Rolle unter den Verordneten. Im Jahre 1596 war die Initiativversammlung der Bruderschaften den 29. Juli, die Erlaubniss bekam man den 9. August, die erste Versammlung der Verordneten war Ende August. Im Jahre 1582 hielten die Verordneten für das Spiel von 1583 Versammlungen ab an Martinis Tag, S. Othmars Tag, Sonntag nach Othmar, S. Konrads Tag, Sonntag vor Weihnachten.

Regent war im Jahre 1538 H. Salat, 1545 und 1560 Z. Blätz, 1571 Hans Kraft, 1583 und 1597 R. Cysat, 1616 M. Matzinger. Die vier ersten waren Stadtschreiber, Matzinger war Leutepriester.

Der gebildetste[1]), gewandteste, einsichtsvollste und thätigste dieser Regenten war R. Cysat. Er hatte übrigens eine gute Vorschule dadurch genossen, dass er in seinen jungen Jahren selber als Schauspieler auftrat. So spielte er 1565 oder 1567 im Wunderdoctor die Rolle der »Kattryn«.

Das zweite Comité ist das der vier *Präsidenten*, welches vom Rathe gewählt wird und zwar aus seiner Mitte. Diese Präsidenten haben vor allem die Aufgabe, bei den Proben und bei der Aufführung zugegen zu sein und den Regenten durch ihre Autorität zu unterstützen.

»Dise sind verordnet als praesidenten deß gantzen spil handels, mitt vollem gwallt zeschaffen vnd zu gebietten was fürfallt,
H. Landtvogt vlrich Tullicker venner,
H. Landtvogt Niclaus Crus,
H. Spittalmeister wendel pfyffer,
H. Landtvogt Laurentz wirtz, 1592«

In andern Jahren scheinen indes diese Präsidenten identisch zu sein mit denjenigen Mitgliedern des Co.nités der Verordneten, welche der Rath wählt, und hiebei haben sie, falls ich nicht etwas missverstanden habe, alle entscheidende Gewalt in den Händen, die andern Mitglieder dieses Comités haben bloss berathende Stimme, so theilen bloss diese vier und nicht das ganze Comité die Rollen aus.

Das dritte Comité ist der *Vsschutz für die frömbden Eerentüt*, vom Rathe aus seiner Mitte erwählt, mit einer bedeutenden Zahl von Mitgliedern. Diesen kommt es zu, den vornehmen auswärtigen Besuchern des Spieles die gebührenden Aufmerksamkeiten zu erweisen.

Im Jahre 1597 figuriren endlich noch die *Zügen*, Chorherren, Rathsmitglieder und ältere Bürger. Es sind dies Personen, welche schon mehrere Osterspiele mitgemacht, und die man daher bei Streitpunkten consultiren kann.

Der Regent hat verschiedene dienstbare Leute zu seinen Handen: einen Pedellen für alle Läufe und Gänge, den Schulmeister, Bau- und Werkmeister, Musikmeister, einen »Kleiderbehalter«, u. s. w.

---

[1]) Ueber seine Bedeutung für die Philologie werde ich später einmal abhandeln.

Hinter allen diesen Comités steht aber immer die Bruderschaft und vor allem der Rath mit dem Jubeo oder Veto, besonders, wo es sich um Neuerungen handelt; so findet das Comité der Verordneten es 1597 für gut, drei Tage lang zu spielen, es wendet sich an den Rath, dieser gestattet es, zieht aber bald die Erlaubniss wieder zurück.

Auch in den Zwischenzeiten zwischen den einzelnen Spielen gibt es Manches zu thun, das auf die Aufführung Bezug hat. So wird einmal verordnet, man solle da und dort auf dem Lande sich umsehen nach schönem Frauenhaar für künftige Osterspiele.

Alle die Verhandlungen und Veranstaltungen der Regenz werden mit grosser Gewissenhaftigkeit protokollirt, und diese Documente heissen insgesammt Rödel[1]). Die *Text-Rödel* enthalten die Texte; umfasst ein solcher den vierten Theil der Gesammtzahl der Verse, so wird er *Quartrodel* genannt[2]). Daneben gibt es ferner Musik-Rödel, *Vsrüstungs-Rödel*, *Stände-Rödel* etc., welche häufig *Denck-Rödel* genannt werden, wohl insofern sie bei künftigen Osterspielen wieder consultirt werden können. Eigenartig sind die Rödel, welche die Considerabilia oder *Denckpuncten* enthalten. In denselben sind vom Regenten alle möglichen zweifelhaften Sachen und vor allem die von ihm bemerkten *Mängel* des Spieles in ganz kurzen Notizen ohne irgend welche Ordnung aufgezeichnet. So heisst es da zum Beispiel: Ob Isaak beim Vater sein müsse und hören dürfe, dass Gott seine Opferung verlange. Zum Wolkenmachen habe man in Mailand ein künstliches Feuer, welches rasch aufflamme, viel Rauch gebe und gar nicht stinke. Ob die Tempelherren auch Säbel haben sollen. Ob bei der Auferstehung die Engel im Himmel oder die *Cantory* singen solle. Der Engel, welcher der Magdalena bei ihrer »Buhlschaft« warnend erscheinen solle, habe noch keinen Spruch. Es sollten zwei Pedellen sein. Das uralte Spiel fordern. Etwa noch ein Spruch, dass die Juden die »Pyniger« bestochen. Die jüdischen Kriegsleute sollen auch ein »Symbolum« haben, woran man sie erkennen könne, nämlich Schlingen mit hebräischen Buchstaben. Was für Musik bei der »Gastery« des Herodes sein müsse. Den Wasserfelsen auf eine andere Manier rüsten. Dass die Engel sich Flügel verschaffen sollen, und dass diese nicht zu gross seien, sondern »ring« und geschmeidig, »aber« zierlich. Man solle den Maler beschicken und ihm angeben, was zu machen sei, besonders die Säume der Judenkleider. Ob beide »Bischöfe«, Annas und Cayphas, mit nach Golgatha gehen sollen, da der Text sage: Gens tua etc. In Bethulien sollen die Juden nichts speciell Jüdisches an sich haben als die Stiefel. Die Kronen der Königinnen, Vasthi und Hester, sollen »gebögt« sein.

Es ist nun meine Aufgabe, dem Wirken der Comités und des Regenten in allen Details nachzugehen, und hiebei mag es das Vernünftigste sein, zuerst den Charakter der Osterspiele Luzerns im Allgemeinen darzustellen. Hiebei ist nur zu bedauern, dass die Quellen der ersten Periode ca. 1450—1545 so spärlich fliessen, denn, wie angeführt, haben wir 1545 das Spiel schon in seiner vollen Ausgestaltung vor uns, somit ist es uns nicht vergönnt, den Spuren der Entwicklung nachzugehen und die bezüglichen Thätigkeiten der Comités und des Regenten zu verfolgen. Das Osterspiel hat in erster Linie einen religiösen Charakter und eine religiöse Bedeutung. Der Stoff, der zur Darstellung kommt, ist ja ein religiöser im eminenten Sinne des Wortes: die Erschaffung des

---

[1]) Ein starkes Masc., 1-Stamm.
[2]) Wird uns bei den Proben wieder begegnen.

Menschengeschlechtes, die Schickungen Gottes über dasselbe im alten Bunde, die Erlösung durch den »Salvator«, nach den Lehren des katholischen Bekenntnisses. Aber nicht nur die Materie, auch die Tendenz, der Zweck der Spiele ist religiöser Natur, und dessen war man sich in Luzern wohl bewusst. Cysat sagt selber, Hauptzweck der Aufführung sei, dass dem Volke das »Lyden Christi« besser im Gedächtniss bleibe. Den Schauspielern wird vorgestellt, dass solches kein »kindisch, schimpflich (=scherzhaft) oder welttlich sondern ein geistlich ernsthafft spil jst, so zu der Eere Gottes, vfferbuwung dess Menschen vnd der Statt Lucern Lob hochlich dient«. Und ein anderer Erlass sagt, dass alle diese »Sachen zu der Eere Gottes, vfferbuwung deß gemeinen volcks vnd der statt Lucern Lob Eer vnd ansehen verricht werdent, so viel frommen Christj frömbden vnd heimschen zu trost vnd heil der seelen«. 1597 wird den Schauspielern an's Herz gelegt, zu den entlehnten Kleidern recht Sorge zu tragen, damit man sie später zu »Gottes Lob vnd Eer« wieder brauchen könne. Vom Spiele des heiligen Leodegarius wird ausdrücklich gesagt, dass es zu Ehren dieses Heiligen gespielt werde.

Am Morgen der beiden Spieltage gehen die Schauspieler zuerst in die Kirche St. Petri[1]), wo ein feierliches Hochamt gehalten wird, woran sich eine Ansprache durch einen Deputirten des Rathes anschliesst. Es sei hier gleich erwähnt, dass nach dem Gottesdienste in dieser Kirche auch das Schminken und »Bartanmalen« vorgenommen wird. Die Aufführung wird mit einem Gebet begonnen und geschlossen. Am Abend zieht man vom Spielplatz wieder in die Kirche, und ein Deputirter des Rathes hält die »Abdankung«. 1597

waren der »Seckelmeister« Holdermeier und der Rathsherr Kaspar Pfyffer vom Rathe dazu bestimmt.

Ferner ist ein »Crützgang« im Zusammenhang mit dem Osterspiel und verbunden mit andern frommen Werken eingeführt, der alle drei Jahre wiederholt wird; Folgendes ist das Document hierüber, aus welchem man zugleich entnehmen kann, welche Stilgattung in der luzernerischen Geschäftssprache jener Zeit beliebt war.

»1571 Montags nach Cantate Aº. 1571. M. G. H. Schulltheis Räth vnd der Groß Raath so man nempt die 1c[1]) der statt Lucern. So habend M g. h. ein ansähen than wyl In M. g. h. Cantzly funden worden das In dem vergangen 1560 Jar alls ouch ein Osterspil gspilllt worden ein vnbekante person Ein Engel mitt einem glitzenden schwertt tröwende am Himmel ob der Statt Lucern gsehen habe Ouch ettwas warnungen von Maria Der mutter Gottes empfangen so der Statt Lucern sölle anzeigt werden mitt vermanung zur buoß etc. Ouch angsehen dry fryttag darufl einandern nach zu fasten, vnd vß jedem huß ein verwartte person gan Einsidlen mitt Crütz gan sölle vnd diß allso nitt jn vergess gstelltt worden Sonder so offtt man ein Osterspil halltte, söllich Crützgang vnd fasten ghallltten werden sölle etc. Hand M. g. H. angsehen ouch ettwas derglychen gottsälligs für zenemen vnd ein Crützgang gan werdenstein zethund vnd Ist diser Crützgang ghallten worden mitt Raath Herren Lüttpriesters, Namlich die Manßbilder vff Mittwochen vor Exaudj gan werdenstein vnd die frawen vff fryttag darnach gan Ebickon vnd hand M. g. h. vff sich gnomen disen Crützgang gan werdenstein die Mann, vnd gan Ebickon die frowen, In Ewigkeitt allwegen jm dritten Jar zethund, vnd sol vff denselbigen Tag allwegen armen Lütten j Spend geben werden von eim Mütt kernen, vß Mgh. korn hus «

Die Kirche eröffnet ihren Gnadenschatz und spendet reichen Ablass.

Ich gebe im folgenden die beiden Briefe von 1504 und 1556, von welchen schon

---

[1]) Auf dem Kapellplatz in der Grossstadt.

[1]) = Hundert.

früher die Rede war, und das Bittgesuch um Ablass vom Jahre 1597.

I. RAIMUNDUS Miseratione diuina Sacrosancte Romane titulo Sancte Marie nove Presbyter Cardinalis | gurcensis Ad vniuersam Germaniam Daciam Sueciam Norwegiam frisiam Prussiam omnesque et singulas illarum Prouincias Ciuita | tes Terras et loca etiam sacro Romano imperio in ipsa Germania subiecta ac eis adiacentia Apostolice sedis de latere Legatus | Vniuersis et singulis presentes literas inspecturis salutem in domino sempiternam Quanto frequentius fidelium mentes ad opera charitatis | inducimus Tanto salubrius animarum suarum saluti prouidemus. cupientes igitur ut Confraternitas Spince Corone nuncupata in Parro | chiali ecclesia Opidi Lucernensis Constantiensis dioceseos per eiusdem confraternitatis Confratres instituta et in die Spinee corone Lancee et trium clauorum | ac certis alijs Anni diebus cum missarum et diuinorum¹) celebratione peragi solita augeatur et in debita veneratione habeatur Librisque Calici | bus Luminaribus et alijs ornamentis ecclesiasticis pro diuino cultu necessarijs decenter fulciatur et muniatur In ea quoque cultus aug | mentetur diuinus Et ut Christi fideles ipsi eo libentius deuotionis causa confluant ad eandem Ac ad illius consecuationem et manu | tentionem aliaque premissa manus promptius porrigant adiutrices, quo ex hoc ibidem dono celestis gratie uberius conspexerint se refertos | Dilectorum nobis in Christo Sculteti et consulum dicti Opidi deuotis in hac parte supplicationibus Inclinati De Omnipotentis dei misericor | dia ac beatorum Petri et Pauli Apostolorum eius auctoritate confisi Omnibus et singulis Christi fidelibus utriusque sexus vere penitentibus et confessis | qui dicte Confraternitatis peractionem in singulis Spinee Corone Lancee et clauorum trium omnibus beatissime Virginis Marie sanctarum | Anne et eius totius progeniei sancte Crucis sancte Helene sanctorum Petri et Pauli apostolorum Georgij Onoffrij Oswaldi Mauritij et | sociorum eius Iodoci Wolffgangi Verene Iheronimi Augustini Gregorij et Ambrosij festiuitatibus et diebus deuote inter | fuerunt aut eisdem diebus Altare in quo confraternitas ipsa peragi consueuit a primis vesperis usque ad secundas vesperas inclusiue | deuote visitauerint Aut funeris quotiens aliquem confratrem ex dicta Confraternitate decedere contigerit depositione Septimo Tricesimo | vel Anniuersario Interfuerint, deuote necnon ad premissa manus ut prefertur porrexerint adiutrices Pro Singulis diebus | predictis quibus id fecerint Centum dies de Jniunctis eis penitentiis misericorditer in domino relaxamus Presentibus perpetuis futuris temporibus duratu | ris. In quorum fidem presentes literas fieri nostrique sigilli iussimus appensione communiri. Datum Lucerie Constantiensis diocesesis Anno Incarnationis dominice | Millessimo quingentesimo quarto Sexto Kal. Augusti pontificis sanctissimi in Christo patris et domini nostri Julii diuina prouidentia | pape Secundi Anno primo.

.Pal. Sybolt.

II. Scipio, tituli sancte Potentianae presbiiter cardinalis de Pisis nuncupatus ad sereniß-mos Principes Carolum Romanum Imperatorem semper Augustum et Philippum Hispaniarum Regem catholicum, ac Mariam Angliæ, franciae Reginam Illustrem et si a l illud declinauerimus | Regnum Angliæ necnon Vniuersam Germaniam et omnia ipsi Carolo Imperatori ratione sui patrimonij subiecta ac alia ad quae nos declinare contigerit Prouincias Ciuitates terras et loca quaecunque sanctißimi Domini nostri papae et sedis apostolicae Legatus | de latere. Vniuersis Christi fidelibus presentes Literas Jnspecturis salutem in domino. Sedes apostolica pia mater omnium salutem desiderans ea quae ad hujusmodi finem facta esse dicuntur spiritualibus gratiarum muneribus prosequi consueuit ut eis allecti fideles animarum | suarum salutem deo propitio facilius consequi mereantur. Nos igitur qui Legationis hujusmodi munere fungentes ad oppidum Lucernae Constantiensis dioceseos prouinciae Maguntinae peruenimus sufficienti ad Infrascripta per Literas apostolicas ad | quarum insertionem minime tenemur facultate suffulti cupientes ut Ecclesia sancti Leodegarij dicti oppidi et Confraternitas | quae in eadem ecclesia sub Inuocatione Coronae Domini nostri Jesu Christi Annis singulis celebratur in debita uenera- | tione habeantur et Christi fideles deuotionis causa eo lubentius ad ecclesiam confluant ac de numero Confratrum hujusmodi efficiantur quo exinde pro animarum suarum salute

---

¹) Ueberschrieben von anderer Hand: ludis scilicet.

maiora spiritualia dona adipisci poße cognouerint de omnipotentis Dei | misericordia ac beatorum Petri et Pauli apostolorum eius auctoritate confisi. Omnibus et singulis Confratribus dictae Confraternitatis et alijs utriusque sexus Christi fidelibus uere paenitentibus et confeßis seu statutis a jure temporibus firmum confitendi propositum habentibus qui in singulis Lune et Martis post Resurrectionem Domini nostri Jesu Christi diebus quibus passio eiusdem Domini nostri Jesu Christi in ecclesia ipsa representatur ecclesiam eandem deuote uisitauerint et representatio | ni paßionis hujusmodi Interfuerint ac Inibi pro exaltatione sanctae matris ecclesiae et pace Jnter christianos Principes reconcilianda pias preces Christo Jesu effuderint ac pro sustentatione et manutentione eiusdem Confraternitatis manus porrexerint | adiutrices quoties id fecerint septem Annos et totidem quadragenas de Iniunctis eis poenitentijs auctoritate apostolica nobis concessa et qua fungimur in hac parte tenore presentium misericorditer in Domino relaxamus Presentibus perpetuis futuris temporibus | valituris. Datum in dicto oppido Anno Incarnationis Dominicae millesimo quingentesimo quinquagesimo sexto Sexto kalendas Julii Pontificis sanctissimi Domini nostri Domini Pauli diuina prouidentia papae quarti Anno secundo.

III. Diß Ist die Abschrifft der suplication so man dem Hochwürdigen Fürsten vnd Herrn Herrn Bischouen zu Veglia Johanni de la Turre Bäp' Gn ordenlichem Legaten In der Eydgnoßschafft presentiert vmb den Ablaß zum Osterspil für die Spils personen vnd ouch die zu sehenden, zur yngender fasten beschehen Ao 1597.

Vor ettwas Zytts Ist v H (†)¹) Gn durch die verordneten der Bruderschafft der dörninen Cron vnsers Herren wie ouch der priesterschafft vnd deß Rhats diser Stadt Lucern bericht worden wöllchermaß dise Herren gwon sind zu vnderschydenlichen Jaren vnd Zytten vmb die Oesterliche Zytt In spils wys dem volck für zestellen wöllichs In grosser anzal sich darzu fügt nit allein von der Statt sonder ouch ab der Landtschafft, ouch von andern Orten vnd Herrschafften Innert vnd vssert der Eydtgnoßschafft vff ettliche Tagreisen wytt,

¹) Ich bin hier in der Lesung nicht ganz sicher. Früher habe ich mal fälschlich »In« gelesen.

zwen Tag einandern nach die gantze tag, mitt großer andacht kosten vnd zierlicheit die fürnembsten Misteria vnd Historien deß Nüwen vnd Alten Testaments, so da Inhalltend die Figuren vff das Lyden vnsers Herren, vnd demnach die geburt Syn Leben, wunderwerck vnd gantzes Lyden, vrstende, vffart vnd Pfingsten; das nun aller mengklichem großen mercklichen trost vnd vfferbuwung bringt Nitt allein den Catholischen, sonder ouch den vn-Catholischen die dann ouch In guotter anzal dahin sich verfügent vnd solches hoch schetzend vnd achtend, demütig pittende, das sy hier zu ermellte Herren begünstigen vnd begnaden wölle mitt ettwas geistlichen gaben vnd Ablaß. Zu erweckung meerers yffers vnd andachts, so wol für die Spilenden Alls ouch die zusehenden, da man vermeint das die spilenden ettwas besser dann die zusehenden harinn betracht werden sollten doch so wöllen sy dasselbig vnd alles gentzlich v H Gn heimgesetzt haben, hiemit sy dessen durch diß wiederumb erinnert vnd gebetten die sach zefürdern, thund damitt Iro von Gott alle wolfart mit Langem Leben wünschen vnderschriben vnd In namen wie obstat. In Italiänischer sprach verdollmetschet durch Renwardum Cysatum R. Stattschrybern zu Luzern.«

Die Osterspiele sind aber zweitens auch volksthümliche Aufführungen. Bei den Textveränderungen 1597 war vor allem massgebend, dass man langweilige Partien, so die unendlich langen »Proclamator- und Lehrersprüche« kürzen oder ganz weglassen und dafür »kurzwylige, lustige und dem Volck gefällige Historien«, so die Hochzeit von Cana, einfügen solle. Wie das allerorts der Fall, so haben auch unsere Spiele specielle heitere, komische Partien, und zwar sind da mehr oder weniger in diesem Geiste gehalten: Putiphars Rede zu Sother, nachdem diese beiden den Joseph gekauft, Abirons, des Nachrichters, Rede zu Johannes, die Buhlschaft und Bekehrung der Magdalena, das Holen des Esels, die Anrede des Pannerherrn an seine Soldaten beim Auszug an den Oelberg, die Wächter am

Grab. Es ist sehr wahrscheinlich, dass alle diese Scenen schon vor 1545 figurirten mit Ausnahme der Rede des Pannerherrn, welche wohl erst in diesem Jahre eingefügt wurde. Folgendes sind diese komischen Scenen im Urtexte:

I. Putiphar und Sother, die egyptischen Kaufleute, haben den Joseph gekauft. Putiphar spricht zu Sother im Weggehen.

»Putiphar
Sother mich fröwett diser knab,
An jm jch ein wolgfallen hab,
vnsrem herren den zuo stellen dar,
Er würdt inn fröwen nim eben war,
Im zdienen wirdt er sin wol gschicktt,
wie wol sin brüder jm abgstricktt,
Brüderlich trüw jch gsen jm an,
Er werd sich ze rechen vnderstan,
Mitt der zytt so er kompt für,
Niemand weißt was jm jst vor der thür,
Hay, Hay so gats komm har min fläschen,
Ich muß ein fart min lungen wäschen,«

II. Abiron führt den Johannes in's Gefängniss.

»Abiron
Nollhardt wie gfallend dir nun dsachen,
Komm har, gutt gschir wil Ich dir machen,
wie darffst du allso fräffen sin,
Eim gwallttigisten küng zuo reden drin,
Das so er thuott vnd jm gefalltt,
gsest nitt das gantz rych in sim gwallt,
vnd vnderstast yetz jnn zu leeren,
Du hast doch by jm nütt zuo meeren,
Mitt vil mindren sorgen möchtest alltten,
Nun komm jch wil dich vast wol ghallten,
Das niemand bald dich überloufft,
Hast nun den rechten butzen toufftt,«¹)

III. Magdalena ladet durch Servus ihren Buhlen, Nero, und dessen Freunde, Cyrus, Agrippa, Hercules ein. 1597.

»Nero springt vff, sagt zu sinen gsellen, Agrippa, Hercule, vnnd Cyro mit fröwlichen gebürden.

Nero.
Wolluff jr possen wir wöllend gan,

¹) Nollhardt, gleich Lollhard, häufig als Schimpfname verwendet. Das in der letzten Zeile enthaltene Sprichwort ist gleichbedeutend mit einem andern aus jener Zeit: »Du hast den rechten Haas geschossen,« im ironischen Sinn.

Magdalena hatt mich laden lan,
In fröwd vnd mutt die Zytt zvertryben,
Da kan jch nun nit vssen blyben,
Agrippa mit dir nimm seitten spil,
Damit wir machend fröwden vil,¹)
Cyrus.
Nero du bist ein muttiger knecht,
Lug nun vnd thu den sachen recht,
Magdalena hatt dich nitt allein,
Sy fatzet zwar vns all jn gmein,
Nero
Er wirfft den arm vff macht ein schnellig.
Das soll mich darumb jrren nitt,
Es jst doch aller bulerin sitt,
Hiemit kommend sy zum garten Magdalena stat vnder der thür, Sy thund jhro Reuerentz, Nero büt jhr dhand sagt.
Hercules. zu Neronem.
Eins wirdt jch ju den sachen thun,
Dem spil ouch flyssig sehen zu,
Betriegt sy dich den stoltzen hachen,
Vast gnug wend wir din lachen.
Agrippa. zu Neronem.
Dem Bullwerck frag ich nit vil nach,
Zum Zechen jst mir vester gach,
Ein gutten Collatz würdt jch nän,
vnd dir das bulen über gän,
Nero.
Gegrüst syest du min höchster hort,
Ich hab vernon dins dieners wort,
Drumb bin jch ju dim willen hie,
was du von mir magst bgären ye,
Deß sollt du styff von mir syn gwärt,
vnd thue das frölich vnbeschwärt,

¹) 1571 fragen die drei, Nero, Cyrus, Agrippa, den Pilatus, in dessen Dienst sie stehen, um Erlaubniss. Dieser gewährt sie und räth ihnen, auch den Hercules mitzunehmen.

Agrippa nimpt vrloub vom Pylato
Pylate lieber Herre min,
Mag es mitt dinem willen gsin,
So erloub vns guotten gsellen vnd possen,
wie Magdalena vns hatt vffgschossen,
Ir zwillen zu werden in irem garten,
wir wend dich zlang nitt lassen warten,
Sonder vast bald harwider keeren,
Zuo dienen alls zimmett dinen eeren.
Pylatus. antwort
So louffend hin vnd land üch lingen,
Hercules ouch vast wol kan singen,
Den sond Ir nemen mitt üch dar,
vnd kommend fürderlich wider har,
wann ich hab ettwas grosses zschaffen,
Ich fürchtt sy mach üch all ze affen,
Vnd thutt jm rechtt wie sy üch thuott,
Sy hatt sin machtt ein bulerin guott,

Magdalena.
Nimpt jne by der hand spatziert mit jm.
Min Liebster schatz daß fröwt mich wol,
Mitt danck jch dass vffnemmen sol,
On dich kan ich nit frölich syn,
Drumb sollt erfrowen s'hertze myn,
Für dich möcht jch alles Myden,
In Lust lass vns die Zytt vertryben,

Nero.
Das fröwt mich wol vnd bin bereit,
wie du es willt jn allem bscheid,

Hiemit nimbt er ettwas seitenspils, oder vilycht siner gsellen ettlicher, die das könnent, machend ein gsetzlin, die Tüffel kommend zuhar machend Ihre Possen ouch, zühend dann wider ab.

Nero.
Wann dir nun auch ze spilen gliebt,
Gar wohl es sich der sachen fügt,

Magdalena
Es gfallt mir wol kumm sitz nun har,
Der Tag soll sin voll kurtzwil gar,

Magdalena und Nero setzen sich zum Schach an den einen, die drei andern zum Trunk an den andern Tisch. Während Nero in einen Schachzug vertieft ist, geschieht die Bekehrung der Magdalena durch Mathusalem und den Engel. Magdalena stösst das Spiel von sich und eilt davon.

Nero
Magdalena waß hast fürgenon,
Daß du mich allso willt verlan,
Din meinung jst nit grecht noch gutt,
Du hast ein anders jn dinem mutt,
Ein anderen gruß jetz empfangen,
vom buben[1]) so erst dafür jst gangen,
wir wend auch heim jr Lieben fründ,
vernimm jch recht waß dsachen sind,
vnd diser bub hatt dschuld daran,
wil jch dem schelmen den grind zerschlan,

Sy gand ouch dannen wider an jhr Ort. Nero zerwürfft den becher mit den letsten worten.

Cyrus. antwort jme jm ghan.
Schow Schow wie bist so ein fyner gsell,
Eine schöne bullschafft hast erwöhlt,
Hab jchs dirs nit vorhin zeigt an,
sy wurd vns zfatzen vnderstan,

---
¹) Mathusalem.

Agrippa.
was fynen bulers kanst mir syn,
Meint wol es würd dir rägnen dryn,

Hercules.
Ein sölches buhlen sach jch nie,
Jetz kannst den schlitten dannen ziehn,«¹)

IV. Saluator gibt den Aposteln Petrus und Johannes den Aufftrag, die Eselin aus dem Flecken zu holen. Im Flecken befinden sich Osyas und Aomar, ersterer will die Apostel hindern, letzterer sie gewähren lassen.

»Saluator
Petre vnnd Johannes gand hin
ins Castel so ir vor üch gsend sin
Da finden ir gebunden an
ein eslin vnnd ihr fülhin stan
so noch nie ward geritten nemend war
entbindend sy vnd bringens har
vnnd ob üch iemand das wölt weeren
so sprechend es ist not vmsermm heeren
der sy nun muoss zuo sym werck han
so last man üch mit dannen gan.

Johannes
Herr wir wents harfüren gernn
Diewyl du ir nit magst embernn

Sy gand vnnd bindens ab, namlich Johannes bints ab so kompt Osyas vnnd rett

Osyas
Ir Lollharrten land den esel blyben
man würt üch sonst die nätt beryben
die esel sind der gmeinen statt
üwer keiner die gwallt znemen hatt

petrus
Lass vnns vervaren es ist dir guott
wann es dem herren nott drum thuott

Aomar
Osyas ich muoss dynen lachen
was tüffells wents mit den eslen machen
was willt wetten sy mogend nümen gan
vermeinend nun wol zuo rytten han
entfürtes der trugner mit zuo wychen
Do wöllten wir jn recht erstrychen
Diepstalls würd er zigen von allen

---
¹) Poss — Bursche; vßgschossen — auserwählt; fatzen narren; Hache Kerl; collatzen das Morgenbrot nehmen; Grind = grober Ausdruck statt Kopf.

Domit wär vnns der vogel in dhärren¹)
gfallen
Sy trybend die zwen esel zum saluator,
so rett
Johannes zu Saluatori
Herr alldinng hannd wir funden bereyt
wie du vnns vor hast geseyt
ouch etlich zuo vnns gsprochen hannd
wir sölend die esel lan jm stand
alls bald wir zeigtend din notturfft an
hannd sy vnns die nit vorgehan,«

V. Der Pannerherr des Pilatus wird sammt Josaphat und mehreren Kriegsleuten abgeschickt, den Salvator gefangen zu nehmen. Er hält eine Anrede an sie.

»panerher
Dess keisers paner Nim jch zur hand
Josaphat mich wol ferstand
Du vnd das kriegsfolch sond acht han
geschicklich vnd recht jn die ordnung stan
Dormit jr all dess habent glimpff
des keisers paner zfüren ist nit schimpff
söllten jr nit ghorsam syn
sonders louffen als die schwyn
hin vnd wider on ordnung gar
so sag ich dir nimm eben war
jch wurd mit mym folck niemandt schonen
sonders jeden syner werchen blonen«

VI. Die vier eingeschlafenen Wächter am Grabe, nämlich Josue, Samson, Samuel und Joel erwachen

»Josue erwacht wüst vff luogt vmbsicht.(!)
Stost Samson mit eim fuoss vnnd rett

Josue
O ho was wunders ist vorhanden
gellt der verrätter syg erstanden
ir hannd all nun entschlaffen wellen
Du vnnd dyne bed gsellen
wir müssend kon vmb vnser läben
was wend wir pilato zuo antwort geben
ich will das nit allein han than
vnd üwer eim drum den grind zerschlan

Samson wüst zornigklich vff vnnd ret

Samson
was soll ich dir drumb gen zebuoss
dast vff mich stosts (!) mit dynem fuoss
ich mein du hettist gernn ein schlappen
Du magst wol syn ein pflegells kappen

---
¹) Härre = Vogelschlinge.

was willt du mir drum gwünen an
worumb hast du in lan erstan
es muoss dir werden hie vergullten
das du mich hast so übel gschullten
min kolben will ich hie nit sparen
sunder den rechten grund erfaren
jn dem wüst Samuel vff, stost joelen
ouch mit eim fuoss vnnd ret

Samuel
Was Laebens trybend ir bim grab
jch bin guntz übel erschrocken drab
ich hoer das er erstanden ist
der sich nenet Jesus Crist
das sind mir seltzam mär vnd sachen
dess schimpffs mag ich nit wol glachen
ir bed hannd es on zwyffel than
wir werden ein andren grind zerschlan
stand vff ich mein dich schütt der ritt
hörst diss tondren vnnd erdbidmen nit
Du hesschs(!) verschlaffen ich dirs verbunen
Cristus jesus ist vns entrunnen
er ist vil stercker gsin dan wir
vnd werent vnser jetlich in vier

Joel wüst ouch vff
Waffen waffen über waffen
o we wie lanng han ich do gschschlaffen(!)
pfuch ir schantlichen schnöden man
sond ir mich hie allso liggen lan
ir hand disse sach über mich erdacht
vnnd mich gernn in lyden bracht
das will ich üch nit vbersechen
was mir joch dorumb soll beschächen
jch will vch gen den rechten lon
das ir mir hand die bossheit than
flux schnaell ir böswicht werend vch
ich will ersterben ob ich flüch

Jetz schlants ein andren vnnd nach dem Schlan gand Samson, vnnd Samuel in Tempel.«

1616 ist der Schluss folgendermassen:

»Hiemitt schlachent sy ein anderen, Schryber Pylatj nimpt frid vff,

Hand still Ir gsellen bütt ich üch
by straff des keysers vnd des Rychs
Sind rüewig vnnd land die sachen syn
ee dz vch volge straff vnd pyn,
Der Schryber gath an sin ortt Die 4 schowendt ein andern an, befrident sich, gand gegen Tempel«

Hier mögen gleich die Verspottungs-scenen erwähnt werden, die unserm modernen Gefühl vielfach als trivial und

die Grenze des Erlaubten überschreitend vorkommen. Einige Proben:
Wenn der Salvator von Annas zu Caiphas geführt wird, schlagen ihn die Soldaten, treiben ihn zu schnellerm Gehen an, verspotten ihn, z. B.:

»Nero

Du Hagel sieder gannp für dich
Luog wie gast so adelich
tritt vff dfüss vnnd machs nit lang
öb ich dir vff dem grind vmbgang«

Aehnlich beim Gang von Annas zu Herodes:

»Johel

Heb vff den ruggen du fuler tropff
wie henckst gegem ertrich den kopff
vnnd gast schlychen wie ein dieb
Luog wie bist din jungernn so lieb
sy Stellend sich all trostlich zuo der
glych wie ein has zuo synem bruoder«

Wenn der Salvator das Kreuz auf die Schultern nehmen soll, wird ihm der rothe Mantel abgezogen und ihm sein eigener Rock wieder angelegt, dazu sagt

»Nero

Wolhar ich will dich absoluieren
ich fürcht du wellist mir erfrieren
Cirus gib mir har syn rock
Luog wie statt der opffer stock
ich mein du wenist ich fatze dich
du sottest dalime bkenen mich«[1])

Die Osterspiele haben endlich auch einen national-luzernerischen Charakter. In allen Erlassen wird betont, wie sehr dieselben zum Lob und zur Ehre der Stadt gereichen. Die angesehensten Bürger der Stadt treten darin auf. Beim letzten Spiel wird von der Bruderschaft ausdrücklich betont, die Texte sollen in der Landessprache verfasst sein. In den »Considerabilia« wird einmal ein Kostüm in Nationalfarben für Nebenpersonen postulirt. Den Wirthen wird strenge befohlen, die fremden Gäste gut zu behandeln, damit die Ehre der Stadt und der Obrigkeit gewahrt bleibe.

Wenn wir den Aufbau der Luzerner Osterspiele und zwar in textueller Hinsicht ins Auge fassen, so erkennen wir gleich zwei Schichtungen, welche sich durch das Ganze hindurch ziehen: Dialoge, d. h. die eigentlichen dramatischen Bestandtheile und Monologe, d. h. die einführenden, erklärenden, moralisirenden Reden des Fändrichs, des Proclamators und der Lehrer. Die Gesammtheit der Verse heisst seltener *Text*, gewöhnlich *die Rym* oder *die Sprüch*. Ein einzelner Vers wird *Liny* oder auch *Vers* genannt. So viel eine Person auf einmal spricht, das ist ein *Spruch*.

Die Gesammtmasse des Stoffes nun, der im Dialog verarbeitet vorliegt, ist in einzelne Figuren abgetheilt: so haben wir die Figuren von Cain und Abel, die Figur der zwölf Brüder, die Figur der Hochzeit zu Cana. Ein anderer Name für Figur ist auch *Actus* oder *Historie*. Zwischen den einzelnen Figuren findet im alten Testament gar kein organischer Zusammenhang statt[1]), im neuen nur der, dass sich alles um den Salvator bewegt.

Die einen der Heiligenspiele haben gar keine Eintheilung, andere zerfallen in *Akte*, die aber nicht so zahlreich sind wie bei den Osterspielen. Die Fastnachtspiele sind ungetheilte Ganze. Die Dorfspiele haben *Scenen* oder *Handlungen*, die Handlungen zerfallen in *Eingänge*.

Nebst der Eintheilung in Figuren finden wir bei den Osterspielen noch eine andere, rein äusserliche, die jedoch für die Proben von Wichtigkeit ist, die in Quartiere auch *Quartale, Quarte, Viertheile* genannt, und in Zwölftel. Nach diesem Princip wird der Text in vier, resp. zwölf gleich grosse Stücke zerlegt.

Folgendes sind die 55 Akte des Spieles von 1597:

---

[1]) dalime, Stalder I. 260.

[1]) Vgl. indes, was unten über die Lehrersprüche folgt.

»1597 Abtheilung deß Osterspils von Actu zu Actu

Der erst Tag ·
Das Allt Testament

Actus 1	Der anfang mitt saupt der erschaffung vnd dem faal deß Menschen bis vff Cayn vnd Abel verß	352
Actus 2	Die Figur Cayns vnd Abels	102
Actus 3	Die Figur Abrahams vnd ysaaes	132
Actus 4	Esau vnd Jacob	226
Actus 5	Israhel mitt synen 12 Sönen	368
Actus 6	Moyses mitt den Juden	658
Actus 7	Dauid vnd Goliath	210
Actus 8	Die historj Judith	1188
	Sa. deß ersten viertheils	3236
Actus 9	Die historj Hester	1018
	Hiemitt endet das Allt Testament	
	Sa. deß Allten Testuments	4254

Anfang deß Nüwen Testaments

Actus 10	Der anfang bis vff Mariae verkündung	94
Actus 11	die verkündung vnd heimsuochung Mariae	214
Actus 12	die wiehnacht bis vff die H. 3 könig	140
Actus 13	die H. 3. könig bis vff liechtmeß	276
Actus 14	von dannen bis vff Jesum den 12 järigen	298
Actus 15	von dannen bis vff Johannem Baptistam	152
Actus 16	von dannen bis vff die versuchung Christj	278
Actus 17	von dannen bis zur berüffung der Aposteln	50
Actus 18	von dannen bis zur hochzyt jn Cana	100
Actus 19	von dannen bis vff Magdalenam	136
Actus 20	von dannen bis vff den krüppel vnd blinden	322
Actus 21	von dannen bis vff Samaritanam	28
	Sa. deß andern viertheils	3106
Actus 22	von dannen bis zum Bethrisen	124
Actus 23	von dannen bis gan Naym	114
	Hie endet der erst tag.	
	Anfang deß andern tags	
Actus 24	Der Todt zu Naym	136
Actus 25	Das Eebrüchig wyblin	58
Actus 26	der gsatz erfaren	34
Actus 27	Der vssetzig	12
Actus 28	Der bsessen Jüngling	64
Actus 29	Die enthouptung Johannis	218
Actus 30	Zacheus	34
Actus 31	Marcellus der blind	210
Actus 32	Die erweckung Lazari	348
Actus 33	Gastmal Lazari	30
Actus 34	Grempler vnd zins pfenning, ynritt etc.	192
Actus 35	Abscheid Saluators von Maria	154
Actus 36	Das Nachtmal	312
Actus 37	Gebett am ölberg vnd gfangenschafft	208
Actus 38	von Anna zu Caypha	86
Actus 39	von dannen bis zu Mané autem facto	288
Actus 40	von dannen bis zu Pylato	316
Actus 41	von dannen bis für Herodem	126
Actus 42	von dannen bis wider für Pilatum	130
	Sa. deß dritten viertheils	3170
Actus 43	von dannen bis zur vßfürung	438
Actus 44	von dannen bis zur verscheydung	526
Actus 45	von dannen bis zur begreptnuß	282
Actus 46	von dannen bis zur vrstende	174
Actus 47	von dannen bis zun wybern zum grab	596
Actus 48	von dannen bis gan Emaus	146
Actus 49	von dannen bis zur ersten erschynung	94
Actus 50	von dannen bis zur andern erschynung	60
Actus 51	von dannen bis zur dritten erschynung	16
Actus 52	von dannen bis zur vffart	102
Actus 53	von dannem bis vff Mathyam	122
Actus 54	Die erwöllung Mathyae	92

Actus 55 pfingsten sampt dem
bschluß 426
Sa. deß vierten viertheils 3074
Sa. überal . . . . . . 12586«

Von diesen Figuren wurden Judith, Hester, Auffahrt, Erwählung Mathiae, Pfingsten erst im Jahre 1597 eingeführt, sie fanden sich also in den früheren Spielen noch nicht vor. 1616 liess man Judith und Hester wieder fallen, da sie keinen Beifall gefunden hatten, wegen der »Verlängerung«.

Was nun die Monologe anbelangt, so hat der *Fändrich* und der *Proclamator*[1]) die Obliegenheit, das Spiel einzuleiten und abzuschliessen, mit andern Worten, den Prolog und den Epilog zu sprechen. Die Heiligen- und die Fastnachtspiele kennen den *Proclamator* ebenfalls, die Dorfspiele haben dafür den *Prologsprecher* oder *Spielgraf* oder *alt Schwytzer*. Die vier Kirchenlehrer sprechen zwischen den einzelnen Figuren, sie melden den kommenden Akt sammt den dazu gehörigen Personen an und legen kurz dessen Inhalt dar, damit man ihn besser verstehe, sie erzählen solche Begebenheiten, welche aus Zeitmangel oder aus anderen Gründen nicht aufgeführt werden können, z. B. den Fall der Engel, die Begebenheiten mit dem Jonas, sie veranstalten kurze Rückblicke auf soeben Gespieltes, deuten Manches im alten Testamente vorbildlich auf den Salvator, z. B.:

»David dem Risen starck gnug jst,
Alls ouch vnser heiland Jesus Christ,
Dem Fürst der welltt starck gnug was,«

und endlich ziehen sie überall moralische Nutzanwendungen, z. B.:

»vmb das betrachtend diß figuren
vnd land üch üwer sünd beduren«.

Bis zum letzten Spiel 1616 waren diese Lehrersprüche von sehr ungleicher Länge, 20—300 Verse, und ebenso waren sie unregelmässig vertheilt; im alten Testamente traten die Lehrer zwischen allen Akten auf, im neuen nur noch ein paar Mal. 1616 wurde eine einheitliche Regelung durchgeführt.

Am Ende des alten Testamentes figurirten bis zum Jahre 1597 noch die Propheten, nämlich Jakob, Malachias, Isaias, Jeremias, Ezechiel und Micheas und sprachen kurze Weissagungen auf Johannes den Täufer und den Salvator. 1597 wurden sie »vßgethan«. 1597 wurde auch dem Schildknaben, der vor dem Fändrich hergeht, ein kurzer Spruch gegeben:

»Schwygent vnd losent alle samdt
Damitt man komm zum Anefang.«

Aus der ersten Periode haben wir nur noch den Text von 1494, welchen Mone publicirt hat, und der eine merkwürdige Mischung von Mundart[1]) und Neuhochdeutsch aufweist, während die Texte der spätern Periode, 1545—1616, keine Spur von nhd. zeigen, sondern in der damals in Luzern überhaupt gebräuchlichen Schriftsprache verfasst sind. Diese Schriftsprache ist eine Mischung von mhd. Reminiscenzen und lebender Mundart. Die Sprache der Fastnachtspiele nähert sich noch mehr dem Volksidiom als die eben geschilderte Geschäftssprache, besonders im Wunderdocter. Zwischen dem Texte von 1494 und denjenigen von 1545 bis 1616 existirt kein Zusammenhang. Aus der Periode 1545—1616 sind uns viele Textrödel erhalten, im ganzen über 30,000 Verse, und zwar aus jedem Spieljahr, doch merkwürdiger Weise kein ganzes Spiel. Immerhin sind diese Fragmente solcher Natur, dass man sie zu einem voll ständigen Spiele zusammenfügen könnte. Alle diese Texte sind nun aus einem Guss, d. h. diejenigen der späteren Jahre sind nur Copien der früheren, immerhin mit geringern oder grössern Aenderungen, so dass

---

[1]) Auch *Hörald* genannt.

[1]) Nicht Luzerner Mundart.

man auch das Wort »Ueberarbeitungen« anwenden könnte. Dieses ist vollkommen sicher für die Texte von 1560 an und sehr wahrscheinlich gilt das nämliche auch für den ältesten Text, den von 1545. Zu Cysats Zeiten existirte noch das sogenannte »vralte Spiel«, welches häufig consultirt wurde, und dieses mag wohl der Archetypus gewesen sein.

Die Regenten der zweiten Periode sind also keine originellen Dichter, sondern höchstens Ueberarbeiter[1]) Immerhin müssen sie auch so noch eine bedeutende Thätigkeit entwickeln. Der Text eines vorhergehenden Osterspieles wird nie ganz unverändert beim folgenden wieder gebraucht, sondern stets *reformirt*. Verschiedene Gründe verlangen solche *Reformationen*. Einmal ist es überhaupt Usus, die Texte zu ändern, »besser« ze *rymen vnd ze stellen*. Lautete der Spruch in dem früheren Spiele:

»Joseph du bist Davids samen
wie soll sin diß kindes namen«,

so machte man in dem spätern daraus:

»Joseph du bist von davidts stamm
wie soll nun sin dins kindlins nam.«

Specielle Veranlassungen zu Textänderungen gibt es, wenn man entdeckt, dass der Text des Spieles mit dem der Bibel in Widerspruch stehe, oder von der unrechten Person gesprochen werde, oder sonstwie nicht recht passe, wie folgende Considerabilia besagen.

»I. Der Lang spruch Lucifers nach der vrstende von allen Handtwercken so jn alten vnd vorigen osterspilen nie gebrucht sich ouch dahin nit fügt sonder vß dem jüngsten gericht gnommen vnd erst kurtzer jaren zu gfallen yngfüert worden, sol vß glassen vnd (!) kurtz gerympt oder gfügt werden vff das davon man dann handlet.

II. Der spruch vnd Stand fendrich Kayphae sol ouch vßthan (die wil Cayphas kein paner noch fendrich ghept sonder allein

---

[1]) Ich spreche hier nur von den Oster-, nicht von den Fasnacht- oder Heiligenspielen.

Pylatus alls der recht Regent vnd Oberer) vnd derselb spruch verendert vnd Symoni Cyreneo geben werden,

III. Item die sprüch zu der verlougnung Petri nach dem Text des Passions zerichten.«

1571 kommen die Ereignisse in der Wüste folgender Massen auf einander: Mosis Gespräch mit Jethro, Hunger, Gesetzgebung und goldenes Kalb, Durst, Schlangenüberfall 1583 ändert man und lässt auf einander folgen: Hunger, Durst, Mosis Gespräch mit Jethro, Gesetzgebung und goldenes Kalb, Schlangenüberfall. Ferner wird 1583 entschieden, die »Bulshaft« der Magdalena solle kürzer, mässiger und züchtiger »gestellt« werden. Im Jahre 1583 wird vorgeschlagen, den Text um mehrere kleine Sprüche zu vermehren:

»Cayn noch ein spruch zum letsten Abraham noch ein spruch so er opferu sol
Abrahams 2 Jüngling hand kein sprüch hand 2 mal zreden
Abraham noch ein spruch zu ysaac so er jm das holzt vffgibt
Abraham noch ein spruch zum bschluss
Sother noch ein spruch zu putiphar
Aber einen zu Putiphar zum bschluss
Engel zu Magdalena jn Garten hat noch kein Spruch.«

Umgekehrt wurden im Jahre 1597 recht bedeutende Kürzungen, ca. 1600 Verse, vorgenommen und zwar deswegen, weil man mehrere neue Figuren einfügte und die Zeit zum Spielen nicht weiter ausdehnen konnte. Besonders wurden die langweiligen Lehrersprüche hergenommen.

Die Texte zu *reformiren* und endgültig zu *stellen*, ist Aufgabe des Regenten. Indes liegt es noch dem der Theologie erfahrenen Leutpriester ob, sie zu prüfen und gutzuheissen. Auch wird dann und wann das Haupt des Rathes, der Schultheiss, consultirt. Es greifen hie und da aber auch andere Personen dem Regenten in sein Amt. 1571 verfasste der Priester Hürlimann, der die Rolle des »Pater aeternus« spielte, für sich eine Rede, die er nach der «Verscheidung Christi» zu halten beabsichtigte, und worin er den Werth des Erlösungswerkes pries. Sie wurde in den Text aufgenommen, 1583 oder 1597 aber wieder *vsgethan*. 1597 verfasste der Salvator 3 Verse, zwei für sich und einen für Petrus, und auch diese wurden eingefügt. Die Figuren Judith und Hester schlug 1597 der Leutpriester vor.

Wenn ich vorhin den Regenten das originelle Schaffen abgesprochen, so muss ich diese Behauptung nun doch in etwas restringiren. Als man 1597 die neuen Figuren einführte, z. B. die Hochzeit von Cana, so war deren dichterische Bearbeitung ebenfalls Aufgabe des Regenten, also R. Cysats, und zwar hat er dieselbe völlig selbständig und originell gelöst. Er verfasste sich zuerst ein *Argumentum* oder eine *Concordanz* in ungebundener Rede und setzte nachher die Prosa in Poesie um.

Für die neuen Figuren bedurfte man auch neuer Gesänge. Diese wurden den schon vorhandenen und in den früheren Spielen gebrauchten nachgedichtet. So lautete ein Lied im Jahre 1583:

»Moses ist ein trüwer Knecht,
selig sye sin Geschlecht,
adonay theos adonay theos,
Moses bringt von Gott Bescheid,
des wartend wir hie ohne Leidt.«

Nach diesem Muster bildete man 1597:
»Zum bschluss der Historj Judith ju der Meloty »Moses jst ein trüwer knecht«:
Judith ist vns thrüw vnd grecht,
Sälig sige jr geschlecht,
Aser alla syphrim
Nathan jakar plahim
Judith ghört groß Lob vnd prys,
das gend wir jr mit gantzem flyß,
In der Historj Hester wie das by Judith
Hester jst vns thrüw vnd grecht
Sälig sye jr geschlecht.
Adon Aser cholim:
Schilton elenoschim.
Hester ghört groß Lob vnd prys
das gend wir jr mit gantzem flyß,«

Zweimal hat der Baum der Osterspiele Nebenschosse getrieben. Das Apostelspiel von 1599 ist nur eine weitere Ausführung der betreffenden Figur im Osterspiel von 1597. Und im Jahre 1583 machte sich Cysat daran, den Actus der »Vrstende« zu einem selbständigen Drama zu erweitern, um es dann später aufzuführen. Es scheint aber, dass er nicht über die Anlage des »Argumentums« hinausgekommen sei.

Wenn man bedenkt, dass der zu einem Spiele nöthige Text ca. 12000 Verse umfasst, und dass diese 12000 Verse für jede Aufführung neu bearbeitet werden mussten, wenn man ferner erwägt, dass ein Heiligenspiel vorhanden ist mit einem Text, zu dessen Herstellung 28000 Zeilen zu schreiben waren, so muss man sagen, dass die Verfertiger dieser Texte fleissige, recht fleissige Leute gewesen. Ein anderes Epitheton verdienen sie indes kaum; denn formell sind diese gut gemeinten, frommen Poesien im höchsten Grade holperig und inhaltlich nicht weniger langweilig und blöde, besonders was die »Sprüche« der Hauptpersonen anbelangt. Die Poetik hat in unsern Osterspielrödeln nichts zu suchen, desto mehr findet die Forschung nach der Technik des alten Dramas. Immerhin zeigt sich doch nicht ganz selten etwas, das wie ächte Poesie aussieht, so das in den Prolog verflochtene Gebet, die Klagen der betlehemitischen Mütter. Interesse bieten auch die Rollen der Kinder bei Moses in der Wüste, im Heiligenspiel von der Kreuzerfindung und vom Jüngsten Gericht.

Eine Rolle heisst ein *Stand*. Man spricht von *Engelständen*, *Knabenständen*, *Wyberständen*, dem *Stande Salvators*, dem *Stande Davids*, u. s. w. Die Zahl der Rollen ist in den verschiedenen Spielen der zweiten Periode ziemlich gleich, um 300 herum. Die Hauptpersonen sind natürlich immer die gleichen, nur bei den Nebenpersonen zeigen sich Schwankungen.

Die grösste Zahl erreicht die Aufführung vom Jahre 1597 mit 340 Rollen. Es kamen nämlich damals die Personen der neuen Figuren dazu, ferner wurden im gleichen Jahr die 12 kleinen Engel eingeführt, dagegen wurden auch mehrere Rollen, die 1588 figurirt hatten, gestrichen, damit die Anzahl nicht allzu gross würde. Die Hauptpersonen sind aus der Bibel bekannt, dagegen möge hier das nöthige über die Nebenrollen aus dem Jahre 1597 und auch aus andern folgen.

Joram ist ein »Wandelgesell«, welcher dem Joseph den Weg zu seinen die Herden hütenden Brüdern zeigt.

Putiphar und Sother sind die egyptischen Kaufleute, welche den Joseph kaufen.

Laban, Salathiel, Malaleel, Zephael, Godolia, Sosoremel, Eliosir, Jamuel, Semey. Oziel, Salmana, Albazar, Rachmiel sind die erwachsenen murrenden Juden in der Wüste.

Saraug, Boozar, Chamri sind die jungen »Murrer«.

Thamaria und Amra sind die »Murrerinnen«.

Haldat und Elisaph sind junge »Murrerinnen«.

Abner ist Davids Bruder, König Sauls Feldhauptmann.

Eliab, ebenfalls Davids Bruder, bittet ihn nicht mit Goliath zu kämpfen.

Elind ein Hirtenknabe, dem David seine Schafe übergibt, wenn er gegen den Goliath auszieht.

Salmon, ein Jude, zeigt dem David den Goliath.

Roboam, Gedeon, Abiud sind die »Weihnachthirten«.

Eliakim und Mathan sind die Hirten, bei welchen sich die 4 Ritter nach dem Jesuskindlein erkundigen.

Josue, Samson, Samuel, Johel sind die vier Ritter, welche die Kindlein zu Bethlehem tödten.

Noema, Sella, Cleopatra, Bersabea sind die Mütter von Betlehem.

Raabod, Laban, Chore, Nicodemus, Salmon, Jechonias, Zorobabel, Zacharias, Urias, Mosse, Josaphat, Amalech, Scholidam, Magog sind Tempelherren, Schriftgelehrte. Ozias, Leviathan, Sedechias, Maroch, Obeth, Lamech, Salathiel, Phares sind Pharisäer.

Barnabas und Theophilus sind Jünger des Johannes.

Rea oder Bala ist die Tochter der Herodias.

Abyron ist der Henker, welcher den Johannes hinrichtet.

Rachel ist die Mutter des Jünglings zu Naim.

Cananea oder Dina ist die Ehebrecherin im Tempel.

Anticus ist der Vater des blinden Marcellus.

Sem, Cham, Japhet, Caleph sind die Verkäufer im Tempel.

Maccabaeus, des Hausmeisters Sohn, trägt bei der Fusswaschung dem Salvator das Becken nach.

Agrippa, Nero, Hercules, Cyrus peinigen Christum; sie sind zugleich die Buhlen der Magdalena.

Emulus, Proclus, Clymax, Ruffus, die »Ruten- oder Seilbuben«, die Diener der 4 Peiniger.

Mathusalem ist der Diener bei den Gastmälern des Zachaeus u. s. w.

Tubal und Jubal, die Hornbläser, blasen beim Zuge nach dem Oelberg und nach Golgotha.

Ananias, Achas, Malchus, Manasses, Amon, Achim, Boos, Aminadab, Maroch, Barrabas, Rehos sind die Schergen und Henkersknechte bei der »Pynigung« und »Crützigung«.

Lucas und Kleophas sind die Pilger nach Emaus.

Folgendes ist das Gesammtverzeichniss der Rollen für 1583:

»Ordnung oder Zal der Ständen der

Hystorj deß Passions oder Osterspils, gestellt vff das 1583 Jar.

Adam, Abel, Augustinus Leerer, Abraham Patriarch, Ambrosius Leerer, Azor der 12 brüder einer, Aaron Moysis bruoder, Albazar Jud, Amra ein allte Jüdin murrer, Abner Dauids bruder, Angelus primus Erst Engel, Angelus Secundus der ander Engel Angelus quartus, Angelus Tertius der 3 Engel, Abiud Hirt, Anna prophetin, Amaleeh Jud, Abyron Nachrichter, Andreas Apostel, Agrippa der 4 pyniger einer, Appothegker, Annas Bischoff, Anticus Jud, Aomar Jud, Achas Jud, Achior Jud, Amon Jud der falsch züg, Aminadab Jud, Ananias Jud, Achim Jud henckersknecht, Adam in der vorhell, Abel in der vorhell, Abraham in der vorhell, Aaron in der vorhell, Astaroth Tüffel.

Beniamin der jüngst der 12 brüdern, Boozar ein junger Jud murrer, Balthasar König, Bartholomeus Appostel, Barnabas Jünger Johannis, Baartrager dero sond 4 syn, Bersaben der 4 Wyber eine, Bürstlin Tüffel.

Beelzebuob Tüffel, Brendlin Tüffel, Barrabas Mörder, Booz henckersknecht.

Cayn, Chamri Jüdlin murrer, Chrysostomus Leerer, Caspar König, Chore Jud, Cleopatra Jüdin der 4 wyber eine, Cyrus der 4 Pyniger einer, Cayphas Bischoff, Cananea Jüdin, Cham verköuffer jm Tempel, Caleph verköuffer jm Tempel, Clinias die magt in Caypho hoff, Centurio Houptman Pylati, Clymax Ruottenbuob, Cleophas Bilger.

Dan der 12 brüder einer, Dauid Hirt, Dismas der Recht schaher, Dauid prophet in der vorhell, Daniel Prophet Jn der vorhell, Delbora magt an Cayphae Hoff.

Eua, Esau, Eliosir Jud murrer, Elisaph Judenmeitlin murrer, Eliud Hirtenknab, Eliab Dauids bruder, Ezechiel prophet, Elyzabeth Mariae bas, Eliakim Hirt, Esrom (Jünger Joannis), Emulus seilenbuob, Eliokim Pylati frowen diener, Eua in der vorhell, Eleazar der vssetzig.

Fendrich Proclamatoris, Fendrich Cayphae, Fäderwüschlin Tüffel.

Gregorius leerer, Gabriel Ertz Engel, Gad der 12 brüder einer, Godolia Jud murrer, Goliath Riß, Gedeon hirt, Goldschmid, Glißglaß Tüffel, Gesmas Lingk schaher.

Haldad Judenmeitlin murrer, Herodes König, Herodias Königin, Hercules der 4 Pyniger einer, Hussvatter deß Nachtmals,

Heliseus prophet in der vorhell, Himmelbrot spreitter.

Jheronymus leerer, Jsaac der jung, Jsaac der allt, Jacob der bruoder Esau, Joseph der Jung, Jsrahel der alt, Judas der 12 brüder einer, Jsachar der 12 brüder einer, Joram ein wandlender Jud, Jhetro Moysis schwäher, Jamuel Jud murrer, Jacob patriarch, Jsayas Prophet, Jheremias prophet, Joseph Mariae gomahel, Josue der 4 Ritter einer, Johel der 4 Ritter einer, Jesus der 12 Järig, Josaphat Jud, Johannes Baptista, Johannes Zebedeus Appostel, Joseph von Arimathia, Jechonias Jud, Jacobus der meerer Apostel, Jacobus der minder Apostel, Jüngling der bsessen, Judas Jscarioth, Judas Thaddaeus Apostel, Japhet verköuffer jm Tempel, Josias Jud, Jubal Hornblaser, Jsaac Patriarch in der vorhell, Jacob Patriarch in der vorhell, Jsayas Prophet in der vorhell, Jheremias prophet jn der vorhell, Johannes Baptista jn der vorhell, Julia magt Pylati, Jesus in der kripffen.

Krüppel, Kranck, Krüttlin Tüffel

Leui der 12 brüder einer, Laban Jud, ein allter, Lamech Jud, Longinus Ritter Herodis diener, Lucifer Tüffel, Lazarus Magdalenae bruoder, Lucillus Blind, Leuiathan Jud, Legisperitus Jud, Liuia Pylati fraw, Loth in der vorhell, Lucas pillger.

Moyses, Malaleel Jud murrer, Malachias prophet, Micheas prophet, Maria muotter Christi, Melchior König, Mosse Jud, Michael Ertzengel, Mathan birt, Matheus Apostel, Magdalena, Mathusalem Symonis phar. diener, Martha, Marschalck herodis, Marcellus Blind, Maroch Jud mit dem schwumm, Magog Jud, Machabeus des Hußvatters son, Malchus Cayphae diener, Maria Salome, Maria Jacobi, Manasses henckersknecht, Moyses jn der vorhell.

Neptalim der 12 brüder einer, Noëma Jüdin der 4 wyber eine, Naason Jud, Nero der, 4 pyniger einer, Nicodemus, Noe jn der vorhell.

Oziel Jud, Obeth Jud, Ozias jud.

Proclamator oder Herold, Pater aeternus, Putiphar kouffman vß Egipten, Petrus Appostel, Philippus Appostel, Pylatus Landtvogt, Phares Jud, Panerherr Pylati, Proclus Geiselnbub.

Rebecca die muotter Esau, Ruben der 12 brüder einer, Raabod Jud, Rachmiel Jud, Roboam hirt, Raphael Ertz Engel, Rachel Wittib, Rea Herodiadis Tochter, Rehos henckersknecht, Ruffus der 4 pyniger buoben einer.

Schlang, Symeon der 12 brüder einer, Sother Kauffman, Saraug Jüdlin murrer, Sosoremel Jud murrer, Salmana Jud, Semei Synagogmeister murrer, Salmon Jud, Saul König, Symeon der Allt, Sampson der 4 Ritter einer, Samuel der 4 Ritter einer, Sella Jüdin der 4 wyber eine, Sedechias Jud, Salathiel Jud, Saluator Christus, Seruus Magdalenae diener, Symon Phariseus. Samaritana heidnisch wyblin, Scholidam Jud, Sadoch Jud deß bsessnen Jünglings vatter, Schiltknab proclamatoris, Sem verköuffer jm Tempel, Stern vnd heilig geist leitter, Symon Cyreneus, Symon Apostel, Schryber Pylati, Sengery, Synagogschüler n° 24.

Thamaria Jüdin murrer, Thomas Apostel, Trucksäss Herodis, Tubal Hornblaser, Tondrer, Trommeter, Todtne jn gräbern n° 6.

Vriel Ertzengel, Vrias Jud Tempelherr, Vnkrut Tüffel, Veronica, Vffschliesser der gfengknuß.

Zabulon der 12 brüder einer, Zephael Jud murrer, Zacharias Jud, Zorobabel Jud, Zacheus, Zacharias jn der vorhell.«

1597 kommen noch die neuen Personen für die Figuren Judith, Hester und Pfingsten dazu:

»I. Nabuchodonosor
Rät: Arioch, Memuchan, Balac, Horam
Holofernes Oberster Feldherr
Houptlüt: Jason, Milo, Nicanor, Demetrius
Eliakim oberster Priester jn hierusalem
Ozias der Juden Oberster Houptman jn Bethulien
Chamri priester in Bethulien
Chabri Priester jn Bethulien
Panerherr der Juden jn Bethulien
Lütenant, Wachtmeister, Trabanten, Lagkeyen, Hiram diener, Hanon diener
Judith
Abra magd, Milca magd, Vaguo Cämmerling
II. Assverus König
Marschalk, Trucksäss
[Fürsten: Tryphon, Hircanus, Julianus, Faustus]
Die 4 Rät Nabuchodonosors
Trabanten, Lagkeyen, beid Diener: Hiram, Hanon
Cämmerling: Nebo, Charcas, Sethar
Vasthi Königin
Eeren mägd: Delbora, Abra, Milca, Bala.

Mardochaeus
Esther Königin
Hegeus Gyneciarcha
Portner: Hiram, Hanon
3 Landtvogt
3 Löüffer
Nachrichter
Haman
Seres sin wyb
Sine fründ: Nergal, Rostan
Sine diener: Albazar, Dathan
Ein Lagkey
Magd Gomer, Magd Clinias
Tüffel
III. Personen zer pfingsten
vß den Heyden
Trucksäß — — Chaldeer
Marschalckh — — Syrier
Putiphar — — — Egiptier
Sother — — — Arabier
Arioch — — — Assyrier
Memuchan — — Indier
Balac — — — Persier
Nicanor — — Asier
Milo — — — Griech
Demetrius — — — Latiner oder Römer«

Folgendes Verzeichniss zeigt die $K\omega\varphi\grave{a}$ $\pi\rho\acute{o}\sigma\omega\pi a$:

»Personen so nüt zu reden 1583
2 Jüngling Abrahams
6 Töuffling
6 Todtne
4 Trabanten Proclamatoris
Spillüt
2 Tondrer
4 Schützen
Stern vnd h. geist Leiter,
4 Bartrager
Magt Pylati
2 mägt Magdalenae
2 mägt Herodiadis
Trabanten Herodis
1 Fendrich Herodis
Trabanten Saulis,
Trabanten Annae,
Himmelbrot spreitter
Synagog schuler, 24«

Folgendes Verzeichniss enthält ebenfalls eine Aufzählung von nicht sprechenden Rollen:

»vych zum spil
Ein Esel
Den Morgen by Abraham

So Joseph vnd Maria gan Bethlehem zur wienacht farent allsdann nimpt er ouch das öxlin damitt
So man dz kindlin Christum jn Egipten flöckt vnd darnach wider heim fürt,
Diß alles den ersten tag,
Den andern tag,
Sol man zwen Esel haben Ein Allten vnd ein jungen zum ynritt zu Hierusalem,
Die x brüder sond haben 1 oxlin. 3 schaff 2 geissen 4 gitzlin, den ersten tag,
Den andern tag sond die Grempler haben jm Tempel
Azor j korb mitt Tuben
Sem j kalb
Cham 2 gitzlin
Japhet 2 Lämlin
Item den ersten tag Maria virgo 2 turtel tüblin jn Tempel zeopfern zur Lichtmeß«
Eine ganz bedeutende Mühe verursacht es, für die Masse der Nebenrollen die passenden Namen zu finden. Die Aussprache der hebräischen Wörter fiel der Zunge der Luzerner ungemein schwierig, es begegnen uns häufige Klagen in dieser Hinsicht. 1597 wird entschieden, man solle die beiden Namen Sosoremel und Thamaria mit den leichter auszusprechenden Zophar und Gomer vertauschen. Im gleichen Jahre legte sich Cysat einen schriftlichen Vorrath von allerlei Namen an, darunter 99 heidnische, 114 von guten Juden männlichen Geschlechts, 86 von bösen Juden ebenfalls männlichen Geschlechtes u. s. w. Ein paar Mal begegnet mir die Notiz: »Die Namen der Apostlen in den frömbden Sprachen[1]) transmutiren.« Was will das eigentlich besagen? Die Namen der Engel sind entweder biblisch, z. B.: Gabriel, Adoniel, Bethiel, oder lateinische Zahlen: Primus, Secundus, letzteres ist schon im Spiele von 1494 der Fall. Bei den Teufelnamen treffen wir drei Kategorien, die in den Osterspielen und Heiligenspielen ziemlich promiscue verwendet werden: erstens biblische Namen: Lucifer, Mammon, Asmodäus, Astaroth, Beelphegor, Beelzebub, Leuiathan; zweitens Namen von Lastern in lateinischer Sprache: Superbia, Avaritia, Luxuria, Invidia, Gula, Ira, Acedia, wobei nach Cysat Superbia = Lucifer u. s. w.; drittens deutsche Namen, aus dem Hexenglauben hergenommen: Glissglass, Brendlin, Bürstlin, Krütlin, Fäderwisch, Unkrut, Räppli, Häderli, Rümpfli, Hörnli, Kärtli.

Werfen wir einen kurzen Blick auf die Zahl der Verse, die es auf eine Rolle trifft, so finden wir, dass im Jahre 1583 Salvator 950, Pater aeternus 373, Moses 245, Pilatus 206, Cayphas 194, der Apostel Johannes 76, Elisabeth 14, der Apostel Philippus 12, die beiden Dienstknaben des Abraham je 2 Verse zu sprechen haben.

Die Obliegenheiten der Hauptrollen sind alle durch den Bibeltext normirt und bedürfen somit keiner weitern Schilderung. Was dagegen das Pensum der Nebenpersonen anbelangt, so verdient vor allem das der Engel und der Teufel eine nähere Betrachtung.

»I. Gedächtnus der Englen halb was sy zethund vßerthalb deß gsangs, 1597
Der erst tag,
Das Allt Testament,
1
Erstlich sobald man an platz kompt gand sy all mitt Gott Vatter jn Himmel:
2
So bald die Enngel das Silete gsungen, die Horn geblaßen vnd wyl die Trommetter, vffblasent gatt Gabriel herab vff den Platz sin ersten spruch zereden,
3
So Gott Vatter vff die brügj hinab gatt den Adam zeschaffen, gand die 4 Ertzengel mitt imm, 2 vor vnd 2 nach,
4
Wann die Schlanng ab dem boum in dhöll krücht, sol Vriel die schaff fäl bringen vnd wan Adam vnd Eva vß dem Paradyß wychen sondt, trybt er sy vß vnd stellt sich Vriel mit dem schwert fürs Paradyß, bis dz Hieronimus vßgeredt

---

[1]) D. h. wohl beim Pfingstwunder.

5

Jn der flgur Abrahams so Er den Son opfren wil kompt Gabriel vnd henckt den wider ans gstŭd am Paradys hag,

Athaniel hatt die Judith zetrösten, Bethiel hatt die Hester zetrosten,

6

Das Nŭw Testament,

Gabriel würdt gesannt Johannis Baptistae geburt zu verkünden, vnd demnach die geburt Christi Mariae zu verkünden, ouch ze Josephen zereden, so er schlafft vor der wienacht,

7

Zur Wiehnacht wann Maria vnd Joseph jns wiehnacht hüttlin ziehent, sond all Engel abher gan vß dem Himmel zu dem wiehnacht hüttlin jn jrer ordnung,

Gabriel Raphaël
Michaël Vriel } die 4 Ertzengel,

Athaniel Adoniel
Hagiel Bethiel } die 4 Mittlern Engel,

Darnach die 12 kleinen Enngel allwegen zween vnd zween mit einandren da blybend sy bis vff jr Zyt,

Die 4 Ertzenngel blybent by Maria by dem hüttlin,

Eliel vnd Miriel gand ab der prŭgj an platz vnd redent zum volck, so sy geredt, vnd Joseph zu Maria redt kompt auch zu inen herab Adoniel vnd Hagiel vnd die 12 kleinen Engel stellend sich zu den anderen, all vmb die Hirten, so die Music vff hört so redent Adoniel vnd Hagiel, zu den Hirten, so bald sy beid vßgeredt so redent dise fünff vß den kleinen Englen ouch, all namlichen,

Cherub
Ezriel
Jerameel,
Oziel
Phanuel

So bald sy das vßgeredt vnd gsungen jst das Gloria in excelsis Deo Et in terra etc, gand sy all wider zum wiehnacht hüttlin, da knŭwend sy vmb das kind jm kripfflin mitt zu sampten (!) ghepten henden,

Wan die Hirten das kind angebettet hand so gand die Engel all wider gan Himel,

So man das kind von der beschnydung wider heim tragt singent sy jm Himmel Dies est Laetitiae etc,

So die 3 könig geopfert hand vnd sich schlaffen legent redt Michaël zu jnen,

Raphaël Manet Josephen jn Egipten mit dem kindlin Jesu. vnd darnach vß Egipten wider heim wann die kindlin getödt sindt,

So man mit dem kind jn Egipten fart sond 4 der kleinen Englen, so darzu ernamset sind mittfaren — 2 vor vnd 2 nach, vnd blybent bim kind bis die vnschuldigen kindlin getödt sind dann zühent sy auch mit, wider jn Judeam wie vor,

Die Engel Gabriel vnd Raphaël komment zum Saluator so Johannes jn touffen wil, vnd so er wider anglegt jst gand sy wider zu Himmel,

So Lucifer den Saluatorem vff dem berg versucht kommend die 4 Ertzengel zu jm vnd hand zereden,

Adoniel vermanet Magdalenen zur Buß jn jrem garten,

Zwüschen der Historj Samaritanae, sol Raphaël zweymal einandren nach kommen, das waßer Sylöe zu bewegen,

Den andren tag,

1

Am Ölberg sol Michael den Saluatorem trösten,

2

Raphaël empfacht deß rechten schahers seel am Crütz,

3

Zu der vrstende wann die 4 Ritter bim grab anfahend schlaffen kommend zum grab Éliel vnd Miriel, Eliel stellt sich ze haupteten, Miriel ze fusseten vnd so der Saluator erstanden ist, hand sy zu jme zereden,

4

Nach der vrstende kompt Gabriel zu Maria jro die vrstende zu verkünden

5

Wann˙ die Wyber zum Appothecker gand gan salben kauffen sond die 2 Engel Adoniel und Hagiel vor jnen bim grab sin, Adoniel, hatt das thuch am arm darinn der Saluator begraben war vnd so die wyber da sind, ouch das Quem quaeritis gesungen jst so redent sy zu den frawen, Adoniel zeigt jnen jm letsten spruch das thuch,

6

Jn der Vffart hand Gabriel vnd Michaël vnden vff dem platz zu den Aposteln zereden,

Vnd so der Saluator jm Himmel jst vnd die 2 Engel Gabriel vnd Michaël vßgeredt hand so redent fünff vß den kleinen Englen, ouch daoben jm Himmel, Namli-

chen, Jaziel, Eliezer, Malaleel, Obediel, Seraph,
II. 1597 die kleinen Engel:
Zum anfang Silete, Sanctus etc.
Item zur wiehnacht reden
Item zur flucht vnd widerkunfft in Egipten
(Item zur vrstende)
Item zu beleitung der Allt vättern beider syts neben har gan
Item zur vffart reden doben jm himmel.

III. Taffel 1597

Den ersten Tag
1. In der figur Cayns vnd Abels erzeigend sich Astaroth vnd Beelzebub vmb den Cayn,
2. Item by Josephs brüdern Astaroth vnd Beelzebub
3. In der Figur Moysis. Tantzend sy ouch vor der böll wann die Juden vmbs kalb Tantzend,
4. Den Goliath jn die höll zühen,
5. In der Historj Judith. So Nabuchodonosor redt erzeigt sich Lucifer by vnd vmb jnn, vnd so er Holofernj bevelch gibt erzeigt sich Beelzebub
6. In der Historj Judith. by Holofernis Gastmal
7. Zühent Holofernem vnd die erschlagenen Assyrier jnd höll,
8. In der Historj Hester mitt Haman zethund, jne zeraten, vnd darnach so er gehenckt jst jnne jn die Höll ze zühen,
9. Lucifer versucht Christum.
10. In der Figur Johannis Baptistae by Herode, zum ersten anfangs Asmodaeus, darnach so das wyb redt Asmodaeus, Astaroth vnd Beelzebub, vnd so die Tochter Tantzet, Tantzend sy ouch vor vßen vmb den hoff.
11. Sy hand zschaffen jn der beköfung Magdalenae

Den andern tag.
1. Lucifer hat mit Juda zethund bim letsten Nachtmal
2. Den Judam zehenken
3. Belphegor hatt by Pylati wyb zethund vor der vrtheil
4. Bim lingken schaher am Crütz vnd zühend Inn jnd höll
5. By der vrstende sich mercken jnn vnd vor der höll
6. Nach der erledigung der Allt vättren«

1597 wurden die Rollen nach ihrer »Vornehmheit« in Klassen abgetheilt: *fürnembste, fürnembste nach den ersten, mittelmässige, kleinere und kleinste* Zu den *fürnembsten* gehören: Proclamator, Gott Vater, Salvator, Moses, die Peiniger, Lucifer; zu den *fürnembsten nach den ersten:* Maria, Adam, Eva, der 12jährige Jesus, David, Lazarus, Gabriel und Michael, Beelzebub, Asmodaeus, Astaroth; zu den *mittelmässigen:* die übrigen Engel und Teufel, die Apostel, die Tempelherren; zu den *kleinern:* Murrer, die Rutenbuben, die Weihnachthirten, die Altväter in der Vorhölle, der Jüngling zu Naym; zu den *kleinsten:* Eliud, Joram, Kleidermagt, Bartrager.

Die Schauspieler heissen *Spilsgesellen* oder *Spilsgenossen*, insofern sie Theilnehmer am Spiele sind, und *Agenten*, seltener *Actoren* oder *Comedianten*, insofern sie spielen. Eine Rolle spielen heiss, *einen Stand versehen.* So lange eine Rolle noch nicht einem Schauspieler übergeben ist, ist der *Stand* noch *ledig.* Die Personen, welche in einem einzelnen Akte auftreten, bilden zusammen eine *Gesellschaft*, die Gesammtheit aller Schauspieler wird *gemeine Gesellschaft* genannt.

Sobald die Verordneten die Erlaubniss zum Spiele bekommen haben, lassen sie das Osterspiel an der Kanzel ausrufen; wer theilnehmen wolle, möge sich anmelden. Die Anmeldungen müssen beim Regenten geschehen. Die Frauen sind, wie überall, ausgeschlossen. Die Schauspieler gehören zum grössten Theil den vornehmsten Ständen an. Bei den Anmeldungen lassen sich die einen *ingemein anschryben, begehren ingemein jns spil,* die andern dagegen *wünschen einen Stand in specie.* Wieder andere formuliren ihr Verlangen so: Ich möchte einen Juden-, einen Engel-, einen Weiberstand, *ich begehre ins Murrergesind, in das unbewöhrt Volk von Bethulien.* Wegen des grossen herrschenden Eifers hat der Regent bald eine mehr als genügende Zahl Anmeldungen notirt. Jetzt beginnt für den Regenten und die Verordneten die unendlich mühevolle Arbeit des Zutheilens der Rollen, wobei sowohl sachliche als persönliche Rücksichten massgebend sind. Die Verordneten müssen die *Tugendlichkeit* der Angemeldeten *erduren*. Vielfach weiss man das schon von früheren Spielen her, oder man hat aus dem persönlichen Umgang oder sonstwie ersehen, wer Fähigkeit zum Spielen hat. ist das nicht der Fall, so citirt man die betreffenden Personen und **examinirt** sie. Alter, Statur, Aussehen, Stimmklang. Gedächtniss, all das wird in Erwägung gezogen. Will einer ein Apostel sein, so fragt es sich, kann er singen. 1597 wird stark die Gleichmässigkeit hinsichtlich der Statur und des Aussehens bei solchen betont, »die mit oder neben einander gand oder handlend«. Näheres über diese Punkte zeigen uns folgende Notizen aus dem Jahre 1597.

»Die 4 Ertzengel sond groß und glycher grösse syn,

Die 4 Mittlern Engel sond ettwas kleiner syn dann die 4 Ertzengel doch all glych

Die 12 kleinen Engel sond ouch kleiner sin dann die 4 Mittlern aber ouch all jn glycher grösse,

All Engel sollend millte vnd nit Männische stimmen haben

Die Tüffel sond ouch starcke personen sin vnd starcke sprache haben.

Die 4 Cämmerling sond all glycher grösse vnd Allters syn by 16 Jaren vmbher,

Die Mägd zum frowen Zimmer sond gwachsen sin aber zarte wybische stimmen haben, vnd In glycher grösse, allein die kleider mugt sol klein sin,

Die Juden kinder by Moyse sond nit ellter dann 8 oder 9 Järig sin,

Die Houptlüt sond all starcke vnd nit kurtze Männer ouch glycher statur sin so vil möglich,

Die Engel sond Ir abtheilung haben

Die 4 Ertzengel gwachsen by 14 Jaren allt doch Millte stimm, all glych

Die andern 4 by 12 Jaren all glych

Die kleinen 12. von 9 In 10 Jar all glych

Was für stend fürnemme stattliche person ervorderent die sol man ouch mit starken personen versehen

Bethris nit jung

Joram sol nit gar jung sin

Die Judenkinder 8 oder 9 Jar

Das man den stand vnser lieben frawen eintwedlers einen Jungen priester oder knaben gebe Rechter statur vnd millter stim züchtiger geberden Et inculpatae vitae

Item zu den Apostel stenden vnd Alltvättteren jn der vorhell so vil priester alls möglich von wegen deß gsangs«

Das Ergebniss solcher Prüfungen wird notirt. z. B. wie folgt: »Der den Jethro begehrt, jst zkurtz redt ouch nit wol. Andreas Meyer redt treffenlich wol wär gut meer zebruchen.«

Es sind aber beim Zutheilen der **Rollen** auch allerlei **persönliche Rücksichten** zu tragen:

»So ouch Jemand der zu vor Ju vergangenem einem oder meer Osterspilen ettwas stands ghept denselbigen wol vnd vnklagbarlich versehen vnd deßen wider begeerte, Sol es Ime nit abgeschlagen werden So veer es die gstalltsame vnd das wüsen synes stands vnd Alters, ouch deß stands den er vertretten sol fügen vnd erlyden mag,

Allso ouch wo sölche nit meer zu selbigen stünden taugenlich, oder abgestorben, vnd aber Eeliche Sön oder Brüdern verlaßen die ouch taugenlich darzu wärent, die mag man deßen geniossen (Lassen) vnd zu selbigen stünden kommen Lassen doch sol es darumb kein gsatzt sin, sonder zu der verordneten guttm fryen willen vnd bedunncken stan, Nach dem sy vermeinent die sachen jm besten zu versorgen, vnd was dieselben ouch jn söllchem faal verordnent daby sol es ouch one einichs wytters zühen blyben vß krafft der fryheit vnd gwallts von vnsern g. Herren gegeben«

Interessant ist, dass die Ansprüche solcher, deren Väter oder Brüder an frühern Osterspielen theilgenommen, seither aber gestorben waren, im Jahre 1597 so weit gingen, dass der Rath ausdrücklich erklären musste, »das Erben der Ständen sölle nit gelten«.

Da einerseits die Zahl der Rollen sehr bedeutend, der Spielplatz aber nicht gerade übergross ist, so sucht man möglichst »Personen zu sparen«. Wo es sich um Nebenpersonen handelt, kann dies so geschehen, dass z. B. die gleichen Mägde, Kämmerlinge, Lakaien bei verschiedenen Anlässen figuriren, wie folgende 2 Vorschläge aus dem Jahre 1597 zeigen:

»I. Die Mägt: Abra Milca Bala Clinias Delbora Judith zücht vff hat by Iro Abram Milcam.

So jr historj vß jst kommend dise beyde mägt zu der vasthj

Vasthi zücht vff hatt by Iro Balam Cliniam Delboram.

vnd so Vasthi verstoßen würdt kommend dise mägt zu der Hester,

Hester zücht vff, halt keine mägdt, wann aber sy königin würdt hatt sy alle mägt,

wann die historj Hester vß ist, So kommend zu der königin Herodiade, die mägt, Bala, Clinias vnd Delbora

Abra und Milca kommend an Pylati hoff zu Liuia syner frowen,

II. Lagkeyen 1597

Goliath nimpt einen von der 3 königen
Sisera mag ij nemmen von der 3 königen
Holofernes ij hatt ein eignen den andern mag er nemen den so der Goliath ghept
Ozias ij das können die ij syn so Sisera ghept bim Saul
Haman hatt j. mag jnn vß den andern nemmen«

Ein zweites Mittel, um Personen zu sparen, besteht in der Pluralität der Rollen, die auch in den Heiligenspielen vorkommt, und darin besteht, dass ein und derselbe *Agent* mehrere ganz verschiedene *Stände versieht*. Wenn der Schauspieler seine Rolle wechselt, so heisst es z. B.: »Kaspar *verändert sich in den Joseph von Arimathea*.« Diese *Veränderung* ist immer von einer *Verkleidung* begleitet. In der Regel spielt eine Person nur Rollen gleichen Geschlechtes, doch

lagen 1597 Eva und Johannes Evangelista in einer Hand. Ein Verzeichniss des Jahres 1597, das zwar nicht ganz vollständig ist, zeigt 84 Spieler mit je 1, 41 mit je 2, 24 mit je 3, 9 mit je 4, 4 mit je 5 und 1 mit 8 Rollen; also ungefähr halb so viel Schauspieler als Rollen. Im Maximum vereinigt einer einmal 8 Rollen, diese sind aber zumeist $K\omega\varphi\grave{\alpha}\ \pi\varrho\acute{o}\sigma\omega\pi\alpha$. Es sind: Moab, *Himmelbrotspreiter*, *Röucker*, *Heiliggeistleiter*, Thurmhüter, Täufling, Jeremias in der Vorhölle, ein *Todtner zur Vrstende*. Fünf Rollen in einer Hand: Milca, der zwölfjährige Jesus, der junge Jsaac, Maccabäus, Marcellus. Andere Beispiele von Pluralität: König Kaspar, Johannes Baptista und Joseph von Arimathea; Nephthalim, Apostel Philippus und Isaac in der Vorhölle; Hester, Sponsa bei der Hochzeit zu Kana, Samaritana und Livia.

Das Umgekehrte, dass sich zwei Personen in eine Rolle theilen, liegt nur in einem einzigen Falle aus dem Jahre 1583 vor, wo Phares am ersten Tage von Hans Kreyenbüel und am zweiten von Peter Offner gespielt wurde.

Sind die Verordneten mit der Zutheilung im Reinen, so werden die Schauspieler, die man angenommen hat, zusammenberufen, und jeder bekommt nun seine Rolle oder seine Rollen. Diese Austheilung fand 1582 an S. Othmar's Tag statt. Wenn sich aber ein Vornehmer um einen *Stand* beworben hat, sich jedoch als unbrauchbar erweist, oder wenn man ihm aus irgend einem andern Grund nicht entsprechen kann, so übertragen die Verordneten die Sache dem Schultheissen, der dann die Aufgabe hat, die Betreffenden »fründtlich abzewysen«.

Den Salvator, die Hauptrolle, spielte im Jahre 1538 Tulliker, 1545 Joder Rechenberg, 1560 Hans Heinrich von Lauffen, 1571 Nicolaus Krus, 1583 der Leutpriester Johannes Müller, 1593 ebenfalls Johannes Müller, 1616 sehr wahrscheinlich der Landvogt Sonnenberg. Im Heiligenspiele von 1596 hatte die Hauptrolle (Wilhelmus) Melchior Zur Gilgen, in dem von 1549 (Enterist) Jost Ritter; im Fastnachtspiele Marcolfus war Mauriz von Mettenwyl Salomon und Caspar Hofmann Marcolfus.

Belustigend ist folgende Notiz in Betreff der Eifersüchteleien der Schauspieler hinsichtlich der ihnen zugetheilten *Sprüche:*

»Ettlich klagend sy habend wenig zu reden vnd kurtze sprüch, Das aber ouch kein vßred gillt dann so alle spils personen vil ze reden vnd lange sprüch haben sollten müßte man wol 8 oder 10 tag spilen, vnd so es nur am langen vßsprechen gelegen so möchte mans wol an der Cantzel läsen, vnd kan nit anderst syn vnd jst vormalen ouch allso gsin vnd kan man nit einem jeden ein halb Testament jn syne sprüch machen dann sonst man nimmer fertig würde, Man hatt doch sonst allen flyß gebrucht damitt die sprüch vnd vers vnder die stend abgetheilt wurden Jn müglichster verglychung damit nit einer zvil der ander zwenig hette jn so vil die historj vnd gschicht erlyden mogen.

Man sol sich ouch nit jrren laßen das ettwan einem zwen dry ständ zugetheilt worden dann sölliches beschehen allein darumb damit man personen sparen möge dann sonst wurde der gantz platz allein mitt spils personen vßgfüllt der doch sonst nur gar zu eng jst, vnd ein sollich spil sonsten wol jn die 400 personen ervordert,

Hat nun jeder Schauspieler seine Rolle, so werden ihm 14 Tage Zeit gegeben, nach deren Verfluss er definitiv erklären muss, ob er den Stand behalten oder aufgeben wolle — die sogenannte Resignation. Behält er ihn, so bekommt er eine Abschrift seiner Sprüche. Es ist den Agenten strenge untersagt, an den Texten etwas zu ändern, oder sie gar unter einander zu vertauschen. Nur den Aposteln wird 1616 erlaubt, die in den fremden Sprachen verfassten Pfingstsprüche unter einander zu vertauschen, je nachdem der eine den, der andere jenen besser aussprechen konnte. Die alten Sprüche, welche bei den frühern Spielen gebraucht worden waren, werden eingefordert und verbrannt. Ferner bekommt jeder Schauspieler noch eine geschriebene Anweisung, die ihm über das anzuschaffende Kostüm, die Gebärden u. A. Winke gibt. Nach einiger Zeit wird die ›gemeine Spielsgesellschaft‹ nochmal einberufen, und es werden ihr die vom Rathe gestellten Leges vorgelesen. Damit sind Ermahnungen verbunden, beim Lernen der Rollen und in den Proben recht fleissig, dem Regenten gehorsam, und ›im Gebruch von Spys vnd Tranck‹ mässig und bescheiden zu sein. Den Ungehorsamen werden strenge Strafen, sogar Gefängniss, angedroht.

Die Proben heissen *Probationen* oder *Probirungen.* Sinnverwandt mit *probiren* sind die Ausdrücke *exerciren* und *abrichten.* Der Ort für die Proben ist stets das Haus der Gesellschaft ›zun Schützen‹ (jetzt Schützenhaus genannt, im Quartier Bruch auf der linken Seite der Reuss). Im Jahre 1597 fand die erste Probe am Mittwoch nach Trium Regum statt. Der Pedell hat die Proben anzusagen. Die Leitung derselben kommt dem Regenten zu, ferner sind die Präsidenten gegenwärtig, um die nöthige Autorität mit Nachdruck zu stützen. Kann der Regent nicht erscheinen, so vertritt der Schulmeister im Hof seine Stelle. Sind die Agenten ziemlich eingeübt, so lässt man sie allein, unter sich, ohne den Regenten ›sich exerciren‹. Aus den Proben davonzulaufen, darauf ist eine strenge Strafe gesetzt. Es ist begreiflich, dass man nicht das ganze Spiel auf einmal probiren kann. Die Proben geschehen vielmehr nach Figuren, nach Zwölfteln (1597 hatte man 13 Zwölftel), nach Quartieren. Schwierigere Figuren oder auch schwierigere Manipulationen, wie die Erhängung des

Judas, werden noch speciell eingeübt. Es ist vorgeschrieben, dass man gegen Ostern ein paar Male im Kostüm probiren solle, 1597 wurde das zwar nicht eingehalten, wozu der Regent die Bemerkung macht, »jst wider hinder sich gstellt, doch allweg damit tröwen«. Die Gesangschöre werden vom Schulmeister im Hof instruirt, der übrigens seine Direktive vom Leutepriester erhält und vom Organisten unterstützt wird. Was die »Cantorei« speciell anbelangt, so hat sie vier *Vorgesetzte*, von denen sie instruirt wird. Folgende Erlasse des Regenten aus den Jahren 1583 und 1597 geben über verschiedene Punkte noch nähere Auskunft:

»1. Ein abtheilung zum probieren nach den Actibus, das gantz spil jn 12 theil, vnd zmal ettwan einen oder 2 theil nemen, vnd so mans einest gmacht wider repetieren vnd sich Laßen Exercieren on den Regenten damitt man der sachen gwone vnd es nit allso alles spare vff den Regenten vnd vff den platz.

II. Das Ort zu dem probieren möcht sin das Huß der gsellschafft zum Schützen, beßer glegenheit halb, ouch das probieren ettwan 4 wuchen vor der fasten angfangen, vnd vff das wenigest dz spil Einmal ouch jn der kleydung probiert werden.

III. Osterspil 1597 Abtheilung wie sich die gsellschafften selbs nach den Actibus mitt ein andern üben vnd probieren mögent.

der erst theil vngfar 1 stund oder minder Pater aeternus kan sich üben mitt denen so die 3 ersten Actus ze thund hand
Der ander theil begryfft die 3 volgenden Actus vngefar j stund
Der 3 theil vngefarlich j stund.
Begrifft den Actum Moysis mit den Jśraheliten
Der 4 theil vngefarlich 2 stund
Die Historj Judith
Der 5 theil, vngefarlich 2 stund.
Dis Historj Hester
Der 6. theil vngefarlich j stund
Anfang deß Nüwen Testaments
Begrifft dise Actus No. 10. 11. 12. 13 von der verkündung Johannis Baptislae bis vff Liechtmeß.

Der 7 theil vngfar j stund
Begryfft die Actus 14. 15. 16. von Liechtmeß bis vff die Versuchung Christj
Der 8 theil vngfarlich j stund
von der versuchung Christj bis vff des Bethrisen historj Begryfft dise Actus. 17. 18. 19. 20. 21. 22
Der 9 theil vngefarlich j stund
Begryfft dise Actus. 23. 24. 25. 26. 27. 28 von dem Bethrisen bis zu der enthouptung Johannis
Der 10 theil vngfar 2 stund
Begryfft dise Actus. 29. 30. 31. 32. 33. 34. 35. 36. von der enthouptung Johannis bis an Ölberg
Der xj theil vngefarlich 2 stund
vom Ölberg bis zu der vßfürung
Begryfft dise Actus 37. 38. 39. 40. 41. 42. 43.
Der 12 theil vngefarlich 2 stund
von der ußfürung bis gan Emaus
Begryfft dise Actus. 44. 45. 46. 47.
Der 13 theil vngfar 1½ stund
Begryfft dise Actus 48. 49. 50. 51. 52. 53. 54. 55 von Emaus bis zum end
IV. Dise mögent sich besonder üben
Moyses mit den synen
Ozias mit den synen
Sisera mit den synen
Holofernes mit den synen
Die Pyniger mit der Crützigung
V. Die Enthouptung Holofernis vnd Johannis.
Item die erhenckungen Hamans vnd Judae sond sich by guter zyt versuchen
Allso ouch David mit Goliath
VI. Die kriegsvßzüg vnd Musterungen ouch die belägerung vnd zug zum Ölberg vnd der Crützigung sonderbar probieren«

Die Leitung der Proben gehört nicht zu den angenehmern Geschäften des Regenten, wie folgende Klagen Cysats aus dem Jahre 1597 beweisen:

»I. Noch eins Manglet mit den kleinen Englen das sy so gar kein Abrichtung hand oder anleitter wann sy abher gan söllent vß dem himmel oder was sy thun söllent Ich hab lang vnd vil damit zthund ghept vnd gschruwen vnd mich vnwerd gmacht Aber vergebens eintweders sind nur 2 oder 3 da gsin, oder sy hands sonst nit können mercken Noch faßen Ich sorg Confusion so man nit remedium findt, deren jch nüt vermag protestier jch, hab ouch dise kleinen Engel nit proponiert noch verordnet.

II. Man sölle fürhin flyssiger sin jm lernen vnd es nit alles vff den Regenten laßen deßglychen gehorsamlicher dann bishar zum probieren komen,«

Das Kostüm heisst *Spielskleidung*, *Standeskleidung*. Die sonstigen Requisiten, deren man bedarf, z. B. Stäbe, Bücher, werden *Vsrüstung* genannt.

Der Spielplatz ist der Weinmarkt. Derjenige Theil des Platzes, auf welchem die einzelnen Figuren sich abspielen, trägt den Namen *Theatrum*. Die Scenerie heisst ebenfalls *Vsrüstung*, u. zw. *gemeine Vsrüstung*, wenn sie der Staat bezahlt. Die Oerter, wo sich die Agenten aufhalten, figuriren unter dem Namen *Höfe* oder *Stände* (Stand also in anderm Sinn, als wir es früher kennen gelernt). Die *Spektanten*, Zuschauer, halten sich auf den *Spektanten-Brüginen* auf. Wenn der Spielplatz hergerichtet wird, lässt man im Hofe und in der Kirche St. Petri einen Ruf ergehen, es solle niemand Material vom Platze stehlen.

Die Musik ist vertreten durch die *Harsthornbläser, Trompeter*, das *Positiv* und die *gmeinen Spillüt*; der Gesang durch die *Cantory*, das *Engelgsang* und das *Judengsang*.

Ueber alle diese Punkte, Kostüm, Bühne und Musik, siehe meine Specialarbeiten.

Endlich bricht der Tag der Repräsentatz an. Die Schauspieler werden am Morgen in der Kirche ermahnt, »das mengklicher sich still vnd züchtig hallte. sich alles golwercks, voppens, schwätzens vnd gelächters überhebe by vnser n. Herren straff«. Das gleiche legt der Proclamator auf dem Spielplatze dem Publikum an's Herz. Ebenso verbietet er sich ungerechte Kritik.

Der Regent hat *jn werendem spil* vollauf zu thun. Er muss alles dirigiren und versieht dazu noch das Amt des Souffleurs. Ferner sind die vier Präsidenten gegenwärtig zur Aufrechterhaltung der Ordnung. Endlich hat man auch Priester bestellt »für ylende Zufäl«.

Was die Befriedigung der leiblichen Bedürfnisse anbelangt, so ist erstens vorgesehen, was übrigens selbstverständlich, dass die Schauspieler sich am Morgen zu Hause durch einen tüchtigen »Kalatz« stärken sollen. An beiden Abenden, nachdem der Gottesdienst in der Kirche St. Petri abgehalten, bekommen die Schauspieler im Saale »zun Schnydern« oder »zum Affenwagen« eine Mahlzeit, welche die Stadt bezahlt. Da man während des ganzen Spieltages, also volle 12 Stunden, auf dem Platze bleibt, so können die Agenten nie nach Hause, etwa zum Mittagessen. Bis 1571 incl. assen daher dieselben in ihren Höfen auf dem Platze. Wirthe und Privaten in der Nachbarschaft brachten Wein und warme oder kalte Speisen herbei:

»1571 Item so hatt Andres Bletz kochet jn dise Höff, Namlich jn den Himmel, jn Pylati Hoff, jn Gabriel schumachers oder Allt ysachs hoff, jn könig Sauls hoff,

Namlich allein vmb spys, fleisch, brott, Allerley kuchj spys, schow essen, Meyenmuoß, Marzapan, Zuckererbs, fastenspys, Capres, Oliuen, gwürtz, Specery, vnd allerley spysen, Ouch 12 maß ippocras, die maß vmb 50 ß, thut alles 87 g 27 ß 4 h.

One den wyn den hand Mgh. darzu geben,

An diß hand Mgh. nit meer wöllen zalen dann die gwonlich spys, dz fleisch vß der metzg, käs vnd brot

Das übrig hand sy selbs müssen zalen die wyl sy so kostlich vnd überflüssig gsin

Item der wirt zum Löwen hatt kochet den Leerern vnd propheten an jren hoff, vnd allein die spys dargeben, dann Mgh den wyn darthan, thut 9 g 6 ß Noch hatt er jnen geben oder sy by Ime gnomen jn hoff für 5 g 8 ß süssen welschen wyn, den hand Mgh nit wöllen zalen vmb das sy so meisterlos gsin vnd Mgh wyn nit gwöllen, deßhalb sy den süßen wyn selbs zalen heißen,«

Dieses Essen und Trinken in den Höfen hatte von jeher viel Missliches, ja im Jahre 1571 artete es in eine völlige Kneiperei aus, welche die schlimmsten Störungen mit sich brachte. Wie viel da draufgegangen, davon gibt uns die oben mitgetheilte Notiz ein Bild, in der es heisst, die Lehrer und Propheten, im Ganzen 9 Personen, hätten, den Wein nicht eingerechnet, vnd abgesehen vom Morgenessen und der Gasterei im Affenwagen, die damals gewaltig grosse Summe von 9 Gulden 6 Schilling verbraucht. Daher wurde 1583 und besonders 1597 das Essen und Trinken in den Höfen aufs strikteste verboten, und die Schauspieler wurden angewiesen, sich zu *Bursen* oder *Rotten* zusammenzuthun und, wenn sie gerade nicht zu spielen hätten, in benachbarten Häusern rasch ein bescheidenes Mittagsmahl einzunehmen; wo die Materie des Spieles eine Gasterei verlange, z. B. in der Figur des Herodes, sollte diese zugleich als Diner gelten.

Die frömden Eerenlüt finden sich bei der Aufführung stets in grosser Zahl ein[1]). Es heisst im Protokoll der Initiativversammlung 1596: » . . . jn Ansehen das nit allein das gantz volck die vnsern, sonder ouch die frömbden allenthalben jnn vnd vssert der Eydgnoßschafft mitt so grossem yffer vnd begird darnach fragent vnd deß begerent.« In einem andern Erlasse wird gesagt, dass nicht nur die Katholischen, sondern auch die Unkatholischen zahlreich zu erscheinen pflegen. Diese fremden Gäste werden nun nach altgewohnter gastfreundlicher Liberalität traktirt. Wie schon erwähnt, ist ein eigenes Comité für sie da. Der Rath lässt den Wirthen nehrmals an's Herz legen, ja ihres Amtes gut zu walten, »damit Ein Oberkeit dardurch nit verkleinert werde«. Die Mitglieder des Comités empfangen die Fremden bei ihrer Ankunft, leisten ihnen Gesellschaft in den Herbergen, führen sie auf den Spielplatz und wieder in ihr Quartier. Der Staat zahlt ihnen, den Fremden und den Comitémitgliedern, beide Abende eine Mahlzeit, 1571 fand die Bewirthung in mehreren Wirthshäusern statt, in einem einzigen tafelten 199 Personen. Damit kein Unberufener sich eindränge, haben die Personen des Comités ihre »Wortzeichen« aus Messing, mit denen sie sich ausweisen können. Endlich ist es Brauch, während des Spieles den Fremden »ze trincken ze bieten«.

Ueber die Aufgabe der Polizei während der beiden Spieltage geben folgende von den verschiedenen Erlassen die wissenswertheste Auskunft:

»I. Item das man Lütt[1]) zu den Thoren, vnd zu der Tagwacht jn der statt herumb zegand vff beide tag, derwylen dz spil würt deßglychen ouch jm Hoff vnd das man das klein hoff thörlj beschlossen hallte so vff den kilchhoff gat, deßglychen ouch alle andre thor, doch (vßgnommen) das by dem wägis thor by dem Hoff thor, vnd dem nidern thor, wächter syent die Lütt vß vnd ynzelassen. Denen sol ouch ernstlich bevolhen werden wie sy sich zehallten haben vnd sonderlich die frömbden bettlenden Landstrycher keins wegs ynzelassen.

Die wächter vff dem Rhathuß thurn vnd vff dem Luogißland sollent ouch flyssig wachen vnd die andern gassen wächter vff sy achten vnd lugen ob sy wachent oder nit, vnd deßen könnent sy wol jnen ein gemerck oder wortzeichen machen, Es söllent ouch sonst zwen wächter verordnet werden wöllche allein vff das Rathus achtend vnd zwen andere die allein zu dem zughuß Lugent,

Die vmbgunden wächter söllent ouch stets vmbgan vnd runden vnd vnder der Eggk vnd sonst durch alle bögen, gesslin vnd winckel flyssig gan vnd trüwlich wachen, vnd sonderlich achten füwrs halb by den phistern vnd schmiden hüsern,

(Ob man) Man sol die kilchen der wylen (wölle) beschlossen halten vnd die sigristen

---

[1]) Hier und in einigen andern Punkten berührt sich meine Darstellung mit den bekannten lobenswerthen Arbeiten von Leibing, von Hidber und von Bernhard Fleischlin.

[1]) Ausgelassen: habe.

heissen anheimsch blyben vnd vff warten vnd ouch mitt hin zur kilchen lugen vnd sehen, damitt kein schad oder diebstal bschehe (oder ob mans offen laßen) vnd den Tagwächtern nütt desto minder ouch bevelchen vffzelugen,
II. Die Sigristen anheimbsch blyben, zu den kilchen lugen,
III. Lüte von pestilentzischen Orten nit ynlassen.«
IV. Das Closter zun Barfussen, wäsemlin, kilch jm hoff vnd Cappell[1]), sond versehen werden für kilchen roub,«

Die Ausgaben für die Spiele werden getragen vom Staate, der Bruderschaft, der gemeinen Spielgesellschaft und den Agenten.

Die Einnahmen des Staates bestehen wohl nur in *dem Tax*, der auf die Zuschauerplätze gelegt ist, und über den wir weiter nichts wissen. Die Anwohner des Spielplatzes vermiethen Fensterplätze nach eigenem Gutdünken. Es wird scharf anbefohlen, dass man mit den Preisen der Fenster »Bescheidenheit halte«, trotzdem werden bis zwei Ducaten gefordert. Folgende Rödel verzeichnen die Ausgaben, welche *über die statt gant, vs M. H. Seckel bezallt werdent*, d. h. welche der Staat trägt[2]).

»I. Disen kosten hand Mgh von der statt wegen In vergangenen Zytten vnd vorgehalltnen osterspilen tragen
A. Erstlich Die Brügjnen vnd schranken, sampt ettlichen kleinfügen sachen vff dem platz vnd brunnen was die gmeine Historien vnd nitt sonderbare höff oder personen belangt,
B. Item ettliche Ruchknecht vff dem platz die schrancken thor zu verhütten, das volck hinder sich ze hallten vnd zuo derglychen gmeinen sachen, A und B 100
C. 40. Item Die Tagwachten, vff den Thürmen by den Statthoren vnd In der statt vff den gaßen,

---
[1]) Kirche St. Petri.
[2]) Alle diese Rechnungen sind mehrere, bis zehn Male aufgeschrieben. Es zeigen sich ein paar Male kleine Differenzen und Fehler, allein ganz geringfügiger Natur.

D. 20. Item Saluators vnd Judae Röck. In den Zweyen Letsten aber A° 1571. 1583 hat man Saluatoris Rock nit zallt.
E. 100. Item gsellschafft Leistung frömbden Eeren Lüten sampt dem Schenckwyn, vnd ettwas wenigs so vffgat mitt frömbden zwüschen dem spil In deß Proclamators hoff da die Herrn Schulltheißen vnd die verordneten vom Rhat sitzend, ouch In der Sengery,
F. 120. Item beide Tag das nachtmal den Spilspersonen vnd dienern,
G 40 Item Zeerung der frömbden spillüten vnd jr vereerung thuch zu hosen, doch allein von Stetten vnd orten der Eydtgnoßschafft, ouch willisow, Sursee etc, Baden Bremgarten etc. Doch kan darinn ouch ordnung schafft werden,
Sᵃ 420.

Sonst Ist wol ettwan großer Mißbruch vnd vnordnung In allen puncten gewesen vnd ein grosser überflüssiger kosten vfftriben worden wölches man doch Im nächst volgenden Osterspil reformiert vnd abgebrochen vnd Ietz noch vil meer, allso das es wol vmb zwen dritteil minder bringen mag,
Dann man hatt alle frömbden zgast ghallten, Man hatt allen wyn jn alle höff vnd vnd (!) Zechen jn summa was vff dem platz für wyn verbrucht worden deßglychen was für spys vnd anders In höffen gebrucht sampt der Zeerung vff dem gericht huß vnd den stuben vnder tagen one die andern ordenliche mal vnd zeerung In den herbrigen bezallt,
Man hatt ouch alle spillüt wie kleinfüg vnd wo har sy joch gsin heimsch vnd frömbd kost fry ghallten der meertheil mitt hosen die andern mitt gellt vereert, A° 1571 sind 156 spillüt gsin hatt allein die vereerung bracht one die Zeerung 328 gl. vnd Dannoch erst den übrigen kosten wie anfangs gemeldet,
So würdt die gmein gsellschafft vß Irem gemeinen vnd eignen ynschutz Mghn vil kostens abnemen, one das so die spil personen Jeder für sich selbs thun würdt.

II. Osterspil A° 1545
Denckzedel deß vmbkostens so Im osterspil In ettlichen Höffen vnd stenden vffgangen mitt Zeerung vnd sonst, so vß der statt Seckel bezallt worden A° 1545. one die brüginen vffrüstung zum platz wynschencken gsellschafft hallten vnd zeerung mitt frömbden Lütten vnd spillüten

A vff dem Gerichthuß mitt frömbden lüten	g	8 ß 20 h —	werck In ölberg rüstung zum sternen vnd heiligen geist, dz Hellmul, Tonderfass, Sod, wasser felß, Tempel Chor, Harsthörner, Himmelbrot, Eimer, Synagogbuoch, 600 möschine wortzeichen zum gsellschafft leisten vnd spilpersonen, Regenten knaben scepter, nagel zu den rüstungen, Brunn Siloe, Herdin kertzen stöck vnd kalb. Linin thuch thut alles			
In Pylatj Hoff	g	10 ß 21 h —				
In Herodis Hoff	g	6 ß 20 h —				
In Caiphae Hoff	g	3 ß 13 h —				
In Annae Hoff	g	3 ß 20 h —				
Im Paradys	g	2 ß — h —				
In der Apostlen hoff	g	— ß 18 h 6				
In Symonis Pharisej hoff	g	1 ß 20 h —				
In Zachej Hoff	g	4 ß 20 h —				
In Magdalenae Hoff	g	4 ß 20 h —				
In der Tempelherren Hoff	g	2 ß 10 h —				
In der 4 Leerer Hoff	g	1 ß 20 h —				
In der Synagog	g	— ß 21 h —				
In Proclamatoris Hoff	g	4 ß 4 h —		g	51(?) ß 31 h 8	
In des Hußvatters hoff	g	1 ß 20	Item den 4 fürgsetzten der Cantory 4 silbrin pfennig vereert			
In der Appothegk Hoff	g	2 ß 20 h —				
In der Hell verzert	g	17 ß — h —		g	9 ß — h —	
B vff der stuben zun schnydern hatt die gantz spil gsellschafft verzert			Item zeerung der verordneten zum spil In versammlung vor dem spil vnd Rechnung			
Im gmeinen mal	g	17 ß 28 h —		g	8 ß 21 h —	
Saluators Rock hatt kost	g	6 ß 23 h —	Item botten Lon vnd Zeerung der vier Trommetern von Solothurn bschickt 3 g 36 ß Meer denselben vnd andern frömbden—den heimschen In der statt gibt man nüt — Spillüten an gellt 70 g vnd darüber 72 Ellen wyß vnd blaw thuch zu hosen, thut alles			
Sa überal	g	95 ß 38 h —				
Der übrig vmbkost Ist harinn nit begriffen						
Der obbemellt kosten was In höffen verzert Ist sidhar A⁰ 1583 alles abgestellt vßgnommen der post A und B. blybent noch. Saluators Rock hand sidhar die Saluatores A⁰ 1571. 1583 selbs zallt, Aber darfür hand Mghen den Judas Rock zallt.						
III. Osterspils kosten so Mghn versorgen lassen A⁰ 1571				g	181 ß 36 h —	
Sonderbare Rüstung vff dem platz one die brüginen	g	63 ß 23 h —	Item dem Maler von allerley gmeinen Rüstungen zum spil zemalen ouch In der kilchen S. Peters die personen Im angsicht vnd sonst haar vnd bärt zu malen			
Der wachtkosten	g	28 ß 32 h —				
Sonderbaren schenckwyn	g	27 ß 2 h 4				
5 Fass Elsässer win zum spil	g	222 ß 32 h 6		g	36 ß 30 h —	
Zeerung vnd gsellschafft hallten mit den frömbden	g	243 ß 14 h 8	Item doß. spils pedellen vnd dz er die Juden schuler mit dem gsang vnderricht			
Der spilspersonen vnd dienern 2 Nacht mal	g	123 ß 4 h —		g	7 ß 32 h —	
Zeerung an den höffen jm spil	g	196 ß 33 h —	Item die Zeerung der spils personen sampt der (?) dienern beide Nachtmal beider Tagen deß spils wie brüchlich			
Der spillüten kosten	g	327 ß 24 h —				
Sa alles	g	1233 ß 3 h —		g	126 ß 30 h —	
IV. Der osterspil kosten deß 1583ten Jars			Item den frömbden geistlichen vnd welltlichen den wyn zeschencken, Den frömbden gsellschafft zhallten Item zeerung			
Der wacht kosten	g	39 ß 30 h —				
Judas kosten kleidung vnd alle Rüstung	g	13 ß 7 h —				
Büchsenbulffer, Röuck-						

jn die Sengery und ettlichen so sonst dz nit vermögen jns spil ouch jn der hell
S* alles g 459 ß 38 h 8
Dem werckmeister Zimmermann für alle arbeit der vffrüstung siner knechten vom heiligen ostertag bis zu end des spils zewercken vff dem platz vnd beid spil tag vffzewarten, ze dienen vnd zewachen jn schrancken g 31 ß 32 h —
Dem Dischmacher hürliman von Saluatoris Trag Crütz, vnd probier Crütz, futter jns Crütz jn der verscheidung zur Tuben, Moysis hörnlin, X gebotten Tafel, 2 Todten baaren, Lasarj grab deckel, Crütz Titul, goislung Sul, Samaritan brunnen rüstung, Herodis sessel bogen g 16 ß 27 h —
S* alles kostens deß Jars 1583 g 989 ß 35 h 4

Die Bruderschaft bezahlt 1560 oder 1571 die Bärte und das Haar und Anderes.

Die gemeine Spielgesellschaft bezahlt die kleinern und grössern laufenden Umkosten, z. B. die bei den Proben, die Botengänge, den Pedellen, das Abschreiben der Rollen. Ferner unterstützt sie aus ihrer Kasse ärmere Agenten. Die Einnahmen der gemeinen Spielgesellschaft bestehen in der Taxe, die jeder Mitspielende für seine Rollen zahlen muss, und in den Bussen. 1597 gelten:

»Die höchsten oder für nembsten Ständ, Jeder 40 ß
Die fürnembsten nach den ersten Jeder 30 ß.
Die Mittelmäßigen Jeder 20 ß.
Die kleinern stend zu 12 ß
Die kleinsten zu 8 ß«

Diese Taxen heissen der *gemeine Inschutz*, die Kasse wird *der Gesellschafft Seckel* genannt.

Die Bussen sind:
Erstes Wegbleiben beim Probiren ohne genügende Entschuldigung. 6 Schilling
Zweites Wegbleiben. 12 »
Davonlaufen während der Probe, um zu zechen. 10 »
Wer an seinen Sprüchen etwas ändert. 10 »
Wer seine Sprüche verliert oder beschädigt. 10 »
Für Ungehorsam und »Widerbefzen«. 20 »
Aufgeben des Standes erst nach der gesetzlichen Frist 10 »

1597 heisst es dazu in den Considerabilia: »Zu verordnen wär die buossen der vnghorsamen ynzühen sölle vnd ein stupff Tafel darzu haben wie In schulen brüchlich.«

Der Schauspieler muss sein Kostüm selbst anschaffen. Einzelnes zahlt übrigens, wie sich aus obigen Rechnungen ergibt, der Staat, anderes besitzt die Bruderschaft, z. B. die Heiligenscheine, anderes kann man entlehnen.

Mehrere Kostüme können auch von verschiedenen Personen gebraucht werden, so heisst es 1597:
»Priesterkleidung
Aaron priesterlich
So Aaron hinwegkompt nimpts Zacharias
So Zacharias hin wegkompt Rabod«

Ferner liefern die Chorherren im Hof kirchliche Gewänder, z. B. für den Pater aeternus. Ferner müssen die Schauspieler auch die Scenerie beschaffen, wenigstens zum grössten Theil[1]), so die Tempelherren 1597 den Tempel. Die 12 Brüder rüsten 1597 den Sodbrunnen zu, in den Joseph geworfen wird. Dieser gleiche Brunnen dient auch in der Figur Salvatoris et Samaritanae, doch wird er anders geziert, und jetzt muss die Samaritana das besorgen. Die

---
[1]) Einiges zahlt der Staat.

Kosten für die Herschaffung der zwei Esel haben Abraham, Putiphar und Sother, Joseph, Mariae Gemahl, Azor und Rehos zusammen aufzubringen. 1583 zahlte der Staat auch die Mahlzeiten in den Höfen nicht mehr, welche integrirende Bestandtheile des Spieles bildeten, z. B. die des Herodes, die der Magdalena. Nur dem Jörg Schytterberg, der den Zachaeus spielte, sicherte man wegen seiner Armuth die Bezahlung seiner Gasterei zu, worauf er sich ein gebratenes feistes Ferkel und ein Zicklein beschaffen liess.

Im Jahre 1560 bekam der Regent für seine Mühe 25 Gulden. Am Ende des Budgets von 1597 ist folgende Notiz nachgetragen:

»Aber mit jme dem Regenten für syn grosse müy vnnd Arbeit, ouch grossen erlittenen Costen mit nüwer harzu dienstlicher kleidung vnnd andrem ist mann noch nitt überkommen noch bis jn das 1607 Jar. Wiewol er noch bißhar darumb nitt angehalten oder überlegen syn wöllen, obwol es nit vnbillich geachtet würdt.«

Da nun meine Forschungen über die Luzerner Dramatik bald beendigt sein werden, so sage ich bei dieser Gelegenheit allen denen, die mich bei meinen Arbeiten gefördert, ergebenen Dank. Namentlich gilt mein Dank dem h. Erziehungsrathe, den beiden Rektoren, dem Unterarchivar des Staatsarchives, Herrn F. Fischer, dem Stadtarchivar, Herrn Meier, und endlich in ganz specieller Weise der überaus liebenswürdigen Verwaltung der Bürgerbibliothek, Herrn Präs. Schwytzer und Herrn Bibliothekar Schiffmann.

Luzern, am Mittwoch vor Cyrilli 1886.

R. Brandstetter.

www.ingramcontent.com/pod-product-compliance
Lightning Source LLC
Chambersburg PA
CBHW020937230426
43666CB00008B/1705